니체
아포리즘

**니체
아포리즘**

초판 1쇄 인쇄 2025년 10월 20일
초판 1쇄 발행 2025년 10월 25일

지은이 김민준
책임편집 하진수
디자인 그별
펴낸이 남기성

펴낸곳 주식회사 자화상
인쇄,제작 데이타링크
출판사등록 신고번호 제 2016-000312호
주소 경기도 고양시 덕양구 꽃마을로 34, 1006호,1007호(향동동, DMC스타팰리스)
대표전화 (070) 7555-9653
이메일 sung0278@naver.com

ISBN 979-11-94440-13-0 03160

ⓒ김민준, 2025

파본은 구입하신 서점에서 교환해 드립니다.
이 책은 저작권법에 의하여 보호를 받는 저작물이므로 무단 전재와 복제를 금합니다.

{ 매일 흔들리는 당신을 위한 니체 철학 }

APHORISM NIETZSCHE

니체 아포리즘

초인: 자신의 긍지로
운명을 초월하여 현실을
적극적으로 살아가는 인간

김민준 지음

자화상

프롤로그

자신의 긍지로 운명을 초월하여
현실을 적극적으로 살아가는 인간

　니체의 철학에는 통찰이 있고 니체의 문장에는 힘이 있다. 바로 그것을 통해 오늘날 우리가 알고자 하는 것은 무엇일까. 철학이 단순한 명언에 그치지 않고, 자신 안에서 올곧은 용기로 작용할 수 있도록 하는 방법은 지속과 적용에 있다.

　간단한 수식처럼 몇 번의 풀이로 쉽게 답이 나오지 않는 것이 삶이다. 그렇기에 철학은 가까운 시기에 어떤 결과물을 가져오지 않더라도 계속해서 반복하는 것이 중요하다. 동시에 그것이 나의 중심과 환경을 너무 벗어나 지나친 형이상학과 뜬구름 같은 이야기가 되지 않도록,

다른 세계가 아닌 나의 세계에서 비롯된 사고를 통해 철학을 끌어안고 자신에게 그것을 비추어보는 행위도 필수적이다.

니체는 현실을 자기답게 살아가는 방법에 대해 추구한다. 때로는 합리와 이성보다 마음 안에서 가리키는 무언가를 향해 걸어가라고 주장하기도 한다. 그의 유명한 저서 『차라투스트라는 이렇게 말했다』에 등장하는 초인은 그렇게 세상의 기존 질서가 아닌 자신의 긍지로 운명을 초월하여 현실을 적극적으로 살아가는 인간을 뜻한다.

오늘날 현대인에게 필요한 것이 바로 그 초인의 자세가 아닐까. 세속화된 삶의 길이 아닌, 스스로 운명을 개척해 나가는 정신은 자신에게 무한한 미래를 창조할 권능을 부여한다. 우리가 지금 마주하고 있는 어려움을, 큰 틀에서의 사회적 문제로 치부하거나 자신에게는 그것을 타개할 책임이 없다는 식으로 생각해버리면 안 된다. 그러면 스스로 틀 안에 자신을 가두어 세계를 좁은 형태로 인식할 수밖에는 없는 것이다.

따라서 니체의 문장을 읽는 이유는 자신의 상황을 극복하고자 하는 의지, 그러한 용기를 지속하고 적용하고자 하는 마음가짐을 갖추기 위함이다. 누구에게나 '자신만의 아름다운 의미'란 것이 있다. 바로 그것이 우리 삶에 생생한 혼을 불어넣고 투명하게 현실을 살아낼 통찰력을 부여한다. 철학은 바로 자신만이 지닌 삶의 의미를 탐구하는 활동인 셈이다.

이 책은 니체 철학의 기본 바탕을 이해하기 쉽도록 니체 원서의 내용을 현대식 표현으로 풀어서 담고 있다. 알기 쉽게 문장을 다듬되 니체의 철학을 오롯이 전해지도록 신경 썼다. 부디 그 문장에 깃든 니체의 철학이 이 책을 읽는 이로 하여금, 세상을 창의적 긍지로 해석할 수 있도록 이끌어주길 염원한다.

차례

프롤로그··4

아포리즘 01 자기 극복·································· 12
아포리즘 02 주도동기···································· 15
아포리즘 03 철학은 철학만으로 온전치 않다················ 19
아포리즘 04 낡은 계약들································· 23
아포리즘 05 가치의 전도································· 26
아포리즘 06 치유력······································ 29
아포리즘 07 원인과 결과를 혼동하는 오류·················· 33
아포리즘 08 잘못된 인과관계의 오류······················· 36
아포리즘 09 가상적 원인들이라는 오류····················· 39
아포리즘 10 자유의지라는 오류··························· 43

아포리즘 11 우리의 존재 ····················· 47

아포리즘 12 도덕판단 ······················· 50

아포리즘 13 생각하는 법을 배운다는 것 ············ 54

아포리즘 14 심리학자를 위한 도덕 ················ 58

아포리즘 15 예술가의 심리학 ···················· 61

아포리즘 16 지적 양심 ························ 64

아포리즘 17 아름다움과 추함 ···················· 68

아포리즘 18 우리는 인간을 능가해야 한다 ············ 72

아포리즘 19 도덕이란 무엇인가 ·················· 76

아포리즘 20 달리 생각하는 법 ···················· 80

아포리즘 21 나는 나를 내버려두지 않는다 ············ 84

아포리즘 22 고통을 대하는 방법 ·················· 88

아포리즘 23 일상의 리듬을 지켜내는 일 ············· 92

아포리즘 24 인간은 스스로를 깨어나도록 다독인다 ······ 96

아포리즘 25 예술은 삶을 고양시킨다 ··············· 99

아포리즘 26 비로소 자유로움 ··················· 103

아포리즘 27 자신을 고발한다 ··················· 107

아포리즘 28 나는 나의 진리다 ·················· 111

아포리즘 29 진리를 구성하고 있는 것 ············· 115

아포리즘 30 안락함에 의해 왜곡된 진실들 ··········· 118

아포리즘 31 결과는 변화하고 발전한다 ····· 121
아포리즘 32 기꺼이 다른 관점으로 ····· 124
아포리즘 33 자기다움과 고독 ····· 127
아포리즘 34 도덕이라는 말 ····· 130
아포리즘 35 해답은 소유가 아니다 ····· 133
아포리즘 36 도덕의 자연사 ····· 136
아포리즘 37 자기 긍정과 위안 ····· 139
아포리즘 38 소크라테스와 해방 ····· 142
아포리즘 39 지혜는 어디에 있는가 ····· 146
아포리즘 40 불완전한 인간 ····· 149

아포리즘 41 적당히 부드러운 도덕 ····· 152
아포리즘 42 꿈과 현실 ····· 155
아포리즘 43 타인의 시선과 허영 ····· 158
아포리즘 44 나를 사랑하고자 한다면 ····· 161
아포리즘 45 내면의 깊이에 대해 말하다 ····· 164
아포리즘 46 무수한 반복 속의 나 ····· 167
아포리즘 47 질문과 질서 ····· 171
아포리즘 48 초인의 일탈 ····· 174
아포리즘 49 자기 극복에 대하여 ····· 177
아포리즘 50 존재의 숙명 ····· 181

아포리즘 51 되돌아본다는 것 ····· 184
아포리즘 52 완전한 것은 생성될 수 없다 ····· 187
아포리즘 53 자아를 지닌다 ····· 191
아포리즘 54 폭포와 같이 거대하게 흐른다 ····· 194
아포리즘 55 자기 관찰 ····· 197
아포리즘 56 우정의 저울 ····· 200
아포리즘 57 정신적 명랑함 ····· 203
아포리즘 58 틀을 깨는 인간 ····· 207
아포리즘 59 버티는 힘 ····· 210
아포리즘 60 각자의 밤 ····· 214

APHORISM
NIETZSCHE

니체
아포리즘

아포리즘 01

자기 극복

그 누구도 그것에서 벗어나는 것을 나보다 더 기뻐하지 않았으리라. 이것은 실제의 긴 이야기다!—이 실화에 명칭을 원하는가?—내가 도덕주의자였더라면, 어떤 명칭을 부여하게 될지 알았겠는가! 아마도 자기 극복(selbstüberwinden)이라는 명칭일 것이다.

- 『바그너의 경우』, 서문

 자기 극복이란 무엇인가. 그것은 자신에 대한 구원을 뜻한다. 그러나 니체는 "신은 죽었다!"라고 말한다. 그렇다면 그것은 무엇으로부터의 구원인가.

 결국 자기 극복이란 완전한 해방이나 끝없는 자유 같은 것이 아니라, 때마다 나를 찾아오는 인간적 한계와 역경을 넘어서는 도전정신을 뜻한다. 하기 싫은 것을 내일로 미루는 것이 아니라 해야 할 순간에 마땅히 실천하는 것. 내 의지를 관철해야 하는 순간에 모른 척 침묵하지 않는 것. 내 생각을 언어로 알맞게 전달하고자 하는 연습. 그러한 모든 순간은 자기 극복의 경험이며, 반복될수록 인간은 자신을 더욱 깊이 자각하고 적극적인 의욕을 삶에 적용할 수 있다. 자기 극복이란 완전히 새로운 나로 다시 태어나 해탈에 이르는 것이 아니라, 다만 아주 조금씩 더 나은 나를 만들어가는 과정인 셈이다.

아포리즘 02

주도동기

구원이라는 문제는 그 자체로 존경할 만한 문제이며, 바그너가 구원만큼 심사숙고한 것은 없습니다. 그의 오페라는 구원의 음악이며, 언제든 누군가가 그의 곁에서 구원되기를 바라고 있습니다. 때로는 어느 젊은 청년, 때로는 어느 젊은 처자에게도 말입니다. 이것이 바그너의 물음인 것입니다. 그리고 자기의 주도동기(leitmotiv)를 얼마나 다양하게 변모시키는지! 얼마나 진기하고 심오한 변형인지! 바그너가 아니라면 누가 우리에게 가르쳐주겠습니까?

─『바그너의 경우』, 추신

  삶에 있어 구원이란 무엇일까. 오늘날 구원은 그리 먼 곳에 있지 않으며 더 이상 종교적인 용어로 국한되지 않는다. 구원이란 대단히 거창한 것이 아니다. 결국 그것은 자기 자신의 감정, 생각, 느낌 등을 보다 더 자유로운 형태로 드러낼 수 있는 자세에 지나지 않는다. 한편으로 구원을 얻는다는 것은 내 생각을 자유롭게 토로하고 속 시원하게 그것에 대한 의견을 주고받는 과정이다.

그러나 늘 자신이 말하고자 하는 모든 것을 표현할 수 없는 곳이 사회이고 삶이기 때문에 우리는 무언가에 빗대어서, 혹은 묘사하여 그것을 서서히 풀어내기도 한다. 그 과정에서 하나의 장치로 주도동기가 있다. 주도동기란 오페라나 교향시에서 나타나 되풀이되는 음악의 주제로서 인물의 성격, 감정, 의도를 뒷받침하는 것을 뜻한다. 이는 연극이나 드라마에도 적용되어 어떤 표현이 극의 주제와 전체 분위기를 조명해내는 역할로 쓰이기도 한다.

주도동기를 잘 활용하기만 해도 답답한 마음을 조금은 해소하여 지금 내 느낌과 기분에 대한 주제의식을 적절히 전달할 수가 있는 것이다. 그것은 음악을 통하여 이루어지기도 하고, 책이나 영화를 통해서 나타날 수도 있다. 하나의 음악을 듣고 그것에 대한 내 감상을 누군가와 이야기해보는 것, 같은 책을 읽고 그 문장을 내 상황과 연관 지어 보는 것, 영화 속 어떤 대사가 지금 내 상황과 꼭 비숫하다며 일기 속에 조용히 적어두는 행위 같은 것들이 결국 내 삶의 기쁨을 이루어내는 자잘한 구원이 된다.

  마찬가지로 니체도 음악을 자기 철학의 주도동기로서 활용했다. 역사적으로 음악은 철학의 강력한 매개체로 이어져 왔다. 니체는 작곡과 음악에 대해서도 철학을 탐구하는 것만큼 깊은 관심을 쏟았다. 물론 전형적인 작곡이나 음악에 대해 기본부터 배움을 이어가진 않았기 때문에 그의 음악들은 조금씩 불완전한 형태였지만 그가 자신의 음악 속에 자기 정신을 담고자 했던 것만은 분명하다. 결과적으로 니체의 불완전한 창작들은 그의 철학의 기조가 되었다. 또한 그는 단순히 결과물이 보여주는 내용에 국한하지 않고 그것이 담고 있는 의미에 대해 바라볼 줄 알아야 한다고 주장했다.

  서툴러도 괜찮다는 의미이다. 자기 자신을 표현하는 일은 꼭 완벽하지 않아도 된다.

아포리즘 03

철학은 철학만으로 온전치 않다

철학자들 사이에서 신성함이란 모든 지평이 그러하듯 몰이해에 지나지 않으며, 그들의 세계가 막 시작되는 곳에 문을 걸어 잠그는 행위에 지나지 않는 것—철학자의 위험, 철학자의 이상, 철학자들의 염원이 시작되는 곳에서 말이다. 조금 더 친절히 표현하자면 대다수 사람은 철학만으로는 만족하지 못한다. 그들에게는 신성함이 필요하다—이다.

-『바그너의 경우』, 추신

니체는 당대 사회에 너무 깊이 뿌리박혀 있는 맹목적인 신앙에 거부감을 드러내며 인간의 주체적인 의지를 주장했다. 그가 생각하는 철학은 보이지 않는 무언가에 대한 믿음이 아니라, 분명 존재하는 것에 대한 자각과 탐구인 셈이다. 그런 시각에서 철학은 절대적인 운 또는 신앙과는 다르다고 볼 수 있다.

철학은 난해한 학문이고 어려운 우주의 근원을 탐구하는 학문이기도 하지만 그것은 동시에 지극히 개인적이고 인간적인 사유에 대한 일이기도 하기 때문이다. 결국 인간들은 자신에 대한 앎에 이르기 위해 철학을 한다. 우주에 대한 방대한 지식만큼이나 한 명의 인간이 지닌 생각과 감정 역시도 지극히 광활하기 때문이다.

철학은 인간이 행할 수 있는 가장 고차원적이고 종합적인 사고이자 논리체계이지만 동시에 지극히 개인적인 자기 자신에 대한 관심에서 비롯된다. 누군가 대신하여 나에 대한 앎에 이르게 해줄 수 없듯이 철학은 인간 스스로를 직접 이 세계와 연관하여 알아가고자 하는 과정을 필수적으로 요구한다.

인간은 자신도 모른 채로 어떤 철학적 사고를 갈구할 만한 동기를 발견하고자 한다. 이것은 모호한 신의 부름이나, 우연히 벌어지는 일이 아니다. 누구보다 역동적으로 자신의 삶에서 가치를 찾고자 하는 행위가 인간에게 내재해 있기 때문이다. 고로 철학은 어떤 절대적인 대상 혹은 초월적인 가치로 간주하는 것이 아니라, 보다 더 친숙하고 나다운 것이어야 한다.

철학은 철학 그 자체로서 존재하는 것이 아니라, 그 중심에 꼭 '자기'라고 하는 주체가 있어야 힘을 발휘한다.

아포리즘 04

낡은 계약들

'세계의 온갖 불행은 어디서 유래하는가?'라고 바그너는 묻습니다. '낡은 계약서들에서'라고 그는 모든 혁명 이데올로기의 주창자처럼 대답합니다. 분명히 말하자면 관습과 법률과 도덕과 제도들에서, 옛 세계와 옛 사회가 뿌리내린 모든 것에서. 또한 묻습니다. '사람들은 어떻게 세계의 불행을 사라지게 하는가?', '어떻게 사람들은 옛 관습을 없애버리는가?' 오로지 '계약', 즉 '관습과 도덕'에 전쟁을 선언함에 의해서라고 답합니다.

-『바그너의 경우』, 추신

절대적인 것에 관하여 관성처럼 행동하지 않아야 한다. 그것이 법 혹은 도덕에 관한 것이라도. 질서는 빠르게 변화하고 있다. 그 어느 때보다도 말이다. 이제 우리는 하나의 문화를 토대로 삶의 관습을 이야기하는 것이 아니라, 한 개인의 생각과 가치관을 바탕으로 규범을 인식한다. 한 명의 개인이 하나의 문화인 시대가 점차 도래하고 있는 셈이다.

따라서 전통적인 관습이 결코 현시대 어느 한 개인이 가진 삶의 문제를 완전히 지배할 수 없는 것이다. 가령 어떤 위대한 인물이 삶의 지혜에 관해 이야기한다고 할지라도 우리는 그것을 자신의 가치관에 적절히 투과하여 이해하는 연습을 해야만 한다.

앞날은 아득하고 변화는 다양하니 세상의 그 어떤 지식도 영원하지 않고 다만 계속하여 의문을 남길 뿐이다. '진리'라고 대변되는 어떤 가치도 완벽히 나에게 생의 진실을 이야기해주지 않는다. 삶의 해답은 스스로가 끊임없이 찾아 나서는 것이지 어딘가에 이미 정해져 있는 것이 아니기 때문이다.

아포리즘 05

가치의 전도

암울하지만 대중에게 책임 있는 일을 하면서 명랑함을 유지하는 것은 실로 놀라운 일이다. 그런데 그 어떤 것이 명랑함보다 더 요구될 수 있단 말인가? 그 어떤 일도 명랑함 없이는 제대로 되지 않는 법이다.

- 『우상의 황혼』, 서문

 인생을 활발하게 살아가는 자세는 실로 중요하다. 명랑함이란 이기심과 탐욕이 아닌 살아가는 용기를 일상생활에 적절히 녹여내는 일이다. 너무 쉽게 무언가를 탐하지 않고 흐리멍덩하게 하루하루를 낭비하지 않기 위해서는 스스로 앞장서서 이 하루를 이끌어가야 한다. 단순한 쾌락이 아니라, 의미 있는 즐거움을 추구하는 것이야말로 어제의 관습에 사로잡히지 않고 스스로를 괴롭

히지 않는 방법이다. 그러한 일상은 자가 치유 기능을 지니고 계속하여 생명력을 고무시킨다. 그것은 일을 대하는 방식이든 사람을 대하는 방식이든 동일하다.

아포리즘 06

치유력

상처 내부에도 치유력은 있는 법이다. 다음의 격언은 오랫동안 내 좌우명이었는데, 나는 이 격언의 출처를 식자적 호기심에는 알려주지 않았다.

상처로 인해 정신이 성장하고 새 힘이 솟는다.
increscunt animi, virescit volnere virtus.

-『우상의 황혼』, 서문

오늘날 우리는 지나치게 자기 비관적인 상황들에 사로잡힌다. 구체적인 실수나 양심의 문제를 떠나 나의 의도와는 전혀 관련 없는 불우한 어떤 사안에도 말이다. 스스로를 억누르고 괴롭히는 것은 죄책감에서 벗어나고자 하는 움직일 수도 있지만, 그것만이 상처로부터 벗어나는 방법은 아니다. 인간은 때로 천박하고 어떤 순간엔 지나치게 도덕적이다. 그것은 자기 삶에 대한 반복적인 불만에 있어서도 마찬가지다. 어떤 인간에게든 바보 같은 면과 아주 우수한 면이 공존하기 때문이다. 우리 내면에서는 그러한 경계가 끊임없이 대립하고 있다.

고로 인간의 생은 '디오니소스적인 것'이다. '디오니소스적'이란 개념은 신화에 등장하는 디오니소스 신의 운명에서 비롯된 것인데, 그는 계속해서 몸이 찢겨 죽음에 이르렀으나 아폴론에 의해 부활한 신이다. 따라서 그에게 있어 진정한 탄생이란 죽음과 필연적으로 닿아 있는 것이다.

니체는 인간의 생을 설명할 때, 디오니소스적 세계라고 묘사한다. 결코 고통 없이 진정한 창조를 말할 수 없는 아이러니한 운명이 인생이라고 볼 수 있다. 때로 고통은 유의미한 의미를 지닌다. 고통이 의미를 지니기 위해선 다시 탄생의 순간으로 이어지는 생성의 무한성이 꼭 필요하다.

자신에 대한 비판과 죄의식 뒤로는 반드시 그것이 의미를 가지게끔 창조로 이어지는 과정이 필수적이다. 따라서 고통과 치유의 과정을 겪으며 스스로에게 지속적으로 집중해야 하는 것이 있다면, '그 회귀의 방식이 더 긍정적으로 적용되기 위해서 내가 할 수 있는 것은 무엇인지를 궁리하는 것'이라고 볼 수 있다.

아포리즘 07

원인과 결과를 혼동하는 오류

결과를 원인과 혼동하는 일보다 더 위험한 오류는 없다. 나는 이 오류를 이성의 본래적인 타락이라고 부른다. 그럼에도 불구하고 이 오류는 인류의 오래된 습관 중 하나이자 최근 습관 중 하나이기도 하다.

－『우상의 황혼』, 네 가지 중대한 오류들

 인간이 무언가를 느끼고 표현할 때 사람들은 그 원인이 무엇인지 분명히 알고 있다고 착각한다. 왜냐하면 인간은 낯선 현상이나 상황에 마주치게 될 때 본능적으로 그것에 대한 해명을 추구하기 때문이다. 그 해명을 추구하는 방식은 자연스레 자기 자신과 결탁하게 되는데, 이때 특정한 자기만의 습관적 인지 형태로 인해 잘못된 원인이 표상으로 나타나기도 한다.

이러한 오류는 매 순간 벌어지는 현상이기 때문에 그 자체로 옳고 그름에 관하여 논할 수는 없겠지만, 삶의 전반에 그러한 오류가 고착되어 세계가 자신이 이해하는 생각하는 방식으로 작동하고 있다고 생각하게 될 때는 분명 경계해야 한다. 어떤 사건이 자신에게 가장 습관적이고 쉬운 방식으로 이해될 때, 인간은 심리적으로 가장 편안함을 느끼기도 하겠지만 그것은 결코 실제의 인과관계가 아니며 절대적 사실이 아니다. 때로는 가장 편안한 심리의 상태가 아무것도 모르는 무지의 영역에 놓인 순간일 수도 있다.

이러한 중대한 오류에 관하여 매 순간 자신에게 비판적인 자세를 지닐 수는 없겠으나 이따금 주어진 것들, 이미 체험된 것들, 분명하다고 인식된 것들에 관하여 새로운 시각으로 접근해볼 필요성은 충분하다고 할 수 있다.

아포리즘 08

잘못된 인과관계의 오류

어떤 시대에든 사람들은 무엇이 원인인지를 알고 있다고 믿었다. 그런데 우리는 우리의 지식을 어디서 얻는가? 조금 더 구체적으로 말하자면 여기서 안다고 믿는 우리의 신념은 어디에서 얻어온 것인가? 지금까지 어느 것도 사실이라고 증명된 바 없는 그 유명한 '내적 사실들'의 영역에서 얻는가? 우리는 의지의 작용에 있어서 우리 자신이 그 원인이라고 믿어왔다. 거기서 우리는 적어도 행위에 작용하는 원인을 포착하고 있다고 생각했다.

— 『우상의 황혼』, 네 가지 중대한 오류들

어떤 신념에 지나치게 매몰된 사람은 자신은 물론 주변의 삶도 위태롭게 만든다. 지나친 믿음은 원인과 결과의 논리를 무너뜨리고 인간의 이성을 추락시키기 때문

이다. 알게 모르게 사람들은 이미 일어난 사건을 자신이 믿고 싶은 신념의 결과로 추앙하며 본질을 다르게 인식한다. 스스로는 그러한 오류를 설명할 수 없는 진리 혹은 지혜라고 믿고 있을지 모르겠으나, 사실은 교만에 불과하다.

교만은 잘못된 자기관찰에서 비롯된 결과이지만 그것은 결국 습관화된 내적 사실로부터 생성된다. 행위의 주체와 대상 그리고 그 원인에 대한 습관적 오류가 우리를 정확한 사실 그 자체로부터 멀어지게 만든다.

아포리즘 09

가상적 원인들이라는 오류

꿈에서 출발해보자. 예를 들어 멀리서 울리는 포 소리의 결과로 생기는 어떤 특정한 감각에 어떤 원인이 나중에 슬쩍 끼어든다. 한동안 그 감각은 일종의 반향으로서 유지된다. 이 감각은 말하자면 원인을 만들어내는 충동이 전면에 나서게 할 때까지 기다린다. 이제는 우연한 사건이 아니라, 의미로서 나서게 할 때까지. 포 소리는 인과적 방식으로 분명히 시간의 역행 안에서 등장한다. 더 나중의 것, 동기를 부여하는 것이 가장 먼저 체험된다. 종종 섬광처럼 스쳐 가는 수백 가지의 개별적 사건들과 함께. 그리고 그다음에 포 소리가 따른다……. 무슨 일이 생긴 것일까? 특정 상태가 만들어낸 표상들이 그 상태를 야기한 원인으로 오해된 것이다.

-『우상의 황혼』, 네 가지 중대한 오류들

니체에 의하면 인간은 원인이라는 개념에 대해 논리적인 경험 증거보다 심리적 느낌을 근거로 제시한다. 따라서 대부분의 원인에 대한 해석은 주관적이며 또한 추상적인 해명이라고 볼 수 있다. 사실 우리가 알고 있는 대부분의 원인은 그저 우리가 믿고 싶은 대로 바라본 결과물이라고도 볼 수 있다. 내 기억과 느낌에 있는 원인은 대부분 그저 '내가 원인이라고 믿고 싶은 것에 대한 반영'인 셈이다.

이를 오늘날 삶에 적용한다면, 관계에 있어 우리는 스스로가 제시하는 근거들이 얼마나 작위적이고 모순된 것이며 지나치게 감정적인 것이었는지를 깨달아야 한다. 이러한 오류는 앞서 설명한 원인과 결과의 혼동, 잘못된 인과관계 등과 밀접하게 연루되어 결과적으로 근거 자체를 무의미하게 만들고 나의 기분, 감정 등이 원인 그 자체가 되는 착오를 범하게 만든다.

가령 '한 명의 인간을 이해하기 위해서는 얼마나 많은 이성과 노력이 필요로 될까?'라는 물음을 이 오류에 적용한다면 그것은 거의 불가능에 가깝다는 결론에 이르게 될지도 모르겠다. 왜냐하면 애초에 범해진 오류를 다시 수정하여 서로가 동의할 만한 척도를 바탕으로 공동의 이해에 이르는 것은 사실상 누구에게나 거의 도달하지 못한 경험일 수도 있기 때문이다.

조금 더 쉬운 방법이 있다면, 우리가 모두 오류를 범하고 있으므로 그 하나하나의 근거들이 그 사람의 마음을 대변해주고 있다고 방향을 바꾸어보는 것이다. 그것은 구체적인 원인과 결과의 해명으로 완전한 결과를 도출하여 잘잘못을 찾아내는 일이 아니라, 그 느낌에 대한 인식으로 상대의 정신을 헤아리는 일에 가깝다.

나는 그 헤아림의 시도들이 철학의 존재 이유라고도 생각한다. 대부분 자신이 정답이라고 생각하는 시대의 교만 속에서 명예로운 선택은, 인생에는 정답은 없으므로 서로의 오류가 서로를 겨눈 날카로움이 아님을 인정하는 것에서 시작된다고 믿기 때문이다.

아포리즘 10

자유의지라는 오류

오늘날 우리는 '자유의지'라는 개념을 더 이상 동정하지 않는다. 우리는 그것이 무엇인지 너무나 잘 알고 있다. 그것은 신학자들의 가장 악명 높은 작품으로서, 인류를 신학자들이 말하는 의미에서 책임 있게 만드는 데에, 즉 인류를 그들에게 의존적으로 만드는 것에 그 목적이 있다……. 이 대목에서 나는 책임 있게 행동한다는 것의 일반 심리학을 제시해본다. 책임이 찾아지는 곳 그 어디서든 그 책임을 찾는 것은 벌을 원하고 판결을 원하는 본능이게 마련이다.

- 『우상의 황혼』, 네 가지 중대한 오류들

일반적으로 자유의지란 자신의 행동과 의사결정 과정을 다른 외부적 요소에 의해서가 아닌 스스로 통제할 수 있는 능력을 일컫는다. 니체는 이러한 자유의지를 전도

된 인과율로 설명하였다. 구시대적 도덕과 종교의 관습이 인간을 자유의지란 형태로 억압하고 있다는 것이다.

이 단어를 들었을 때 처음 떠오른 생각은 과연 그 자유의지란 것이 오늘날 얼마나 순수한 형태로 존재하고 있는가 하는 점이다. 니체가 말한 전도된 인과율의 경우처럼 오늘날의 양심, 도덕, 종교 등 인간의 감정 행위를 규범화하는 것들은 분명 완벽히 투명할 수 없다고 보아도 무방할 것이다. 사람들은 과거에도 그랬고 오늘날도 마찬가지로 자신이 믿고 싶은 것, 자기 세계를 유지할 수 있는 것을 규정하고 그 바탕 위로 자유의지를 행사하기 때문이다.

어떻게든 무언가에 연관된 것이 인간의 사회인 셈이다. 물리적인 것은 물론, 이제는 이성적인 부분에서도 완전히 독립된 상태를 상상하기 어렵다. 우리는 자연스레 무언가에 길든다. 그것을 과연 선과 악의 개념으로 구분할 수 있을까? 행복하기 위해서는 무언가를 해야 한다는 정언명령처럼 선뜻 분명한 기준을 가지기가 어려운 시대를 살아가고 있다.

그렇다면 무엇이 우리를 기쁘게 하고 건강하게 만들 수 있을까. 무엇이 정의로운 것이고 자유로운 것일까. 완벽하지 않더라도 약간씩 고립되어 스스로에게 그러한 물음을 던져보면 좋겠다. 그것이 비록 실수와 오류를 동반하더라도 한 단계쯤은 나아간 형태로 드러날 수 있도록 말이다.

아포리즘 11

우리의 존재

자신의 존재를 어떤 목적에 넘겨주고자 하는 것은 허무맹랑한 일이다. 목적이라는 개념은 우리가 고안해낸 것이다. 실제로 목적이란 것은 없다. 사람들은 필연적이며, 한 조각의 숙명이다. 사람들이 전체이고 사람들은 그 안에 있다. 우리의 존재를 판결하고 측정하며 비교하고 단죄할 수 있는 것은 없다.

- 『우상의 황혼』, 네 가지 중대한 오류들

니체는 끊임없이 초월하는 자를 추구하였다. 일반적으로 사람들이 이루고 싶은 목적에 관하여 니체는 그것이 사실 그리 중대한 것이 아니라, 부수적인 것일 뿐이라 답한다. 니체가 말한 초인의 경지는 끊임없는 자기 단련을 통해서 이루어지는데, 그 과정은 계속해서 순환되며 창조적인 변화를 불러온다. 하나의 단계를 성취하고 목표를 이루고 나면 또 하나의 새로운 문이 있고 그 문을 열어젖혀 앞으로 나가야 하며 때로는 벽을 부수고 때로는 담장을 넘어야 할 때도 있다.

결국 목적보다 중요한 것은 '나'이다. 자신의 존재가 있기 때문에 움직임이 있는 것이며, 가치관을 향해 나아가고 있기 때문에 목적을 만나는 것이지, 목적 때문에 우리가 나아가는 것은 아니라는 의미가 된다. 목적이 아니라 스스로를 넘어서는 것이 우리의 지향점이다. 눈에 보이는 목표란 그 빛의 그림자들에 지나지 않는다.

아포리즘 12

도덕판단

도덕판단을 결코 말 그대로 받아들일 수는 없다. 도덕판단은 언제나 몰상식만을 포함하고 있을 뿐이다. 그러나 도덕판단은 증후학으로서는 대단히 가치 있다. 그것은 적어도 자기에 대해 충분히 알지 못하여 스스로를 이해하지 못하고 있는 여러 문화나 내면세계에 귀중한 실상을 알려준다. 도덕은 단지 기호언어에 불과하며, 증후학일 뿐이다. 도덕에서 무언가를 얻고자 한다면 그것이 무엇에 관한 것인지를 이미 알아야 한다.
- 『우상의 황혼』, 인류를 개선하는 자들

니체는 『우상의 황혼』 중 「인류를 개선하는 자들」에서 다음과 같이 말했다. 지금까지 인류를 도덕적으로 만들고자 했던 모든 수단은 근본적으로 비도덕적이었다.

도덕은 사람들에게 마땅히 인간이라면 지녀야 하는

교훈과 가르침을 전달한다. 그러나 니체의 시선에서 도덕은 사회적 여론과 관습에 비추어 개인을 지극히 규범화하는 수단에 불과했다. 도덕 역시도 불변의 진리가 아니다. 그러나 언제나 그것은 그 시대의 기성문화, 기득권의 가치, 이미 정해진 규정의 보호 조치 같은 것으로써 활용되어왔다. 요즘 세대 간의 차이를 더욱 면밀히 나타내고 분열을 조장하는 것은 도리어 그들이 가진 도덕과 관습에 관한 분명함이 아닐까.

더 이상 어느 시대의 도덕이라고 할지라도 완전히 무해하지 않다. 그것이 누구에게나 지극히 일반적이지도 않다. 도덕을 마치 법치주의처럼 판단하기에는 그 범주가 너무 넓고 다양하여 각자의 지향하는 바를 보호하고 강요하는 수단에 그치고 마는 경우가 잦아지고 있다. 심지어는 사회가 자신들이 지닌 도덕관념에 사로잡혀 법이 아니라, 그들의 도덕판단으로 누군가를 심판대 위에 세우고 판단하기에 이르렀다.

바라보는 시각이 다르다고 해서 더 이상 비도덕적이라고 말하기에는 이 사회가 너무 다변화되어 있는 건 아닐까. 도덕이 나와 다른 어떤 존재를 배척하기 위해서 이용되어서는 안 될 것이다. 오히려 그것은 포용을 위해 적용될 때 그 가치가 빛난다. 밀어내기 위해서가 아니라, 안아주기 위해 필요한 것이 도덕이기 때문이다.

아포리즘 13

생각하는 법을 배운다는 것

생각하는 법을 배운다는 것, 이것에 대해 우리의 학교들은 전혀 알지 못한다. 대학에서조차, 심지어는 철학을 진정 배웠다는 사람들 사이에서마저 이론과 실천과 작업으로서의 논리가 사멸해가기 시작한다. 독일 책들을 읽어보라. 그 책들은 생각하는 데에는 기술과 교과 계획 그리고 남보다 뛰어나고자 하는 의지가 필요하다는 것을, 우리가 춤을 배우려고 하듯 생각하는 것도 배우려고 해야 한다는 것을, 생각이 춤의 일종이라는 것을 더는 희미하게라도 상기시켜주지 않는다.

– 『우상의 황혼』, 독일인에게 모자란 것

자유롭게 사고하는 것은 중요하다. 아마 누구나가 그렇게 답할 것이다. 그러나 정작 우리는 자유롭게 사고하는 방식을 버리고 기계적으로 수용하기에 급급한 현실을 살아가고 있다. 어쩌면 그것이 가장 손쉬운 방법이라는 착각 때문인지도 모르겠다.

아마 과거 어느 시점에는 그러한 방식이 삶을 가장 안전하고 확실하게 이끌어주는 방법론으로 작용했을 것이다. 그러나 결국 사회라는 것은 쉽게 기능하기 급급한 자들을 마찬가지로 쉽게 대체하는 방식으로 진화되어버렸다. 모두가 같은 방식의 교육을 배우고 비슷한 능력을 학습한다고 하면 마찬가지로 대부분의 사람은 유사한 한계를 지닐 것이고 꼭 내가 아니어도 나를 대체할 수많은 대안이 이미 준비되어 있을 수밖에는 없다.

생각하는 법을 배운다는 것은 그 중심에 '나'를 위치시킨다는 것이고 세상의 모든 나는 유일하다는 뿌리로부터 출발해야 한다. 우리는 모두 다른 씨앗이기 때문에 각자의 의지를 지닌 채로 생각을 뻗어나가는 것이 중요하다. 비록 공통된 학습의 과정을 경험한다고 할지라도 각자가 지닌 씨앗의 가치를 지지해준 상태에서 그것을 익힌다면 다분히 순종적인 독자의 태도가 아니라 모두가 예술가 그 자체인 교육으로 나아갈 수 있기 때문이다.

결국 지혜에 대한 욕심이 있는 자들만이 자기 생각을 견지할 수 있다. 기성의 논리와 끊임없이 부딪히고 비록 지금까지와 같은 답을 제시한다고 할지라도 생각의 회로는 오직 나만의 것이어야 한다.

아포리즘 14

심리학자를 위한 도덕

속류 심리학을 하지 말 것! 관찰을 위한 관찰을 하지 말 것! 이것은 잘못된 시각을 제공하고 곁눈질을 하게 만들며, 강제된 것과 과장된 것을 제공한다. 체험하기를 원함으로서의 체험은 성공하지 못한다.

- 『우상의 황혼』, 어느 시대적 인간의 편력

 가치 있는 경험이란 무엇일까 고심하게 된다. 자신의 고찰이 묻어나는 경험은 때로 어려움도 숭고한 의미로 발전시켜 나간다. 그러나 자기반성 혹은 연구가 없는 상태에서 이뤄진 경험은 그 자체로는 좋은 일이라고 할지라도 한 개인에게 역사로 기록되지 않을 것이며 인상적인 교양으로 작용할 수 없을 것이다.

 오늘날의 이른바 한탕주의는 자신의 고찰은 배제된

채로 이름만 당당한 껍데기를 지향한다. 그것은 도미노처럼 사회에 적용되어 노동의 가치를 훼손시키고 있다. 노력이 중요한 것이 아니라, 그저 잘하는 것이 중요하다는 주장 역시도 하나의 신념으로 발전되어 우리 시대의 인간에게 그 관념을 강요하고 있다. 그러나 몇몇 우연한 성공이 한 시대의 진리로 작용하는 것은 과장된 진리이며 오류다.

성공이 인간을 지배하는 시대를 벗어나야 한다. 왜냐하면 수많은 인간이 있는 만큼 무수한 성공이 있기 때문이다. 그중 어느 하나가 다른 것들보다 더 우위에 있다고 말할 수 있을까.

아포리즘 15

예술가의 심리학

결국에는 의지의 도취, 가득 차고 팽창된 의지의 도취. 고취에서 본질적인 것은 힘이 상승하는 느낌과 충만함의 느낌이다. 이런 느낌으로 인해 사람들은 사물에 나누어주고, 우리로부터 받기를 사물에 강요하며, 사물을 폭압한다. 이런 과정을 이상화라고 부른다. 여기서 편견 하나를 없애버리자. 이상화는 보통 믿는 바와는 달리 자질구레하거나 부차적인 것을 빼내버리거나 제거하는 일이 아니다. 주된 특징들이 중대하게 작용하여 내몰아내는 것이지, 그로 인해 다른 특징들이 사라져 버리는 것이 아니다.

― 『우상의 황혼』, 어느 반시대적 인간의 편력

몸과 정신에 넘쳐흐를 정도의 풍요를 경험한 적이 있는가. 그 순간은 인간에게 잠깐 완전한 경험을 선물한다.

이와 같이 상승의 힘을 내포하는 상태는 어딘가로 투영되고 전이된다. 건강한 신체와 정신이 깃든 인물 주변에는 항상 그와 같은 사람들이 함께 머무는 것 역시 같은 맥락이라고 볼 수 있다. 니체는 이러한 경험을 진정한 예술 활동이라고 보았다. 자기 충만의 경험을 다른 곳으로 투사하여 각각의 요소가 완전성을 체험하는 것, 그것이 예술인 셈이다.

좋은 사람을 만나기 위해서는 스스로가 그 힘을 받아들일 준비가 되어 있어야 하고, 좋은 사람을 만나기 위해서는 나의 풍요로움과 넘칠 정도의 완전함을 주변으로 옮겨 나누어줄 태도를 지녀야 한다. 이와 같이 고양된 힘은 삶의 주체성을 자아낸다. 오직 완전성에 대해 경험한 사람만이 계속해서 자신을 이겨내고자 스스로에게 헌신할 것이다. 그 주체성에 대한 의지가 자기 극복의 삶을 의미한다.

아름다움이란 마치 그 대상이 미의 속성을 이미 내포하고 있는 것이 아니라, 주체적 풍요를 지닌 사람들이 세상을 바라보는 방식을 통해 받아들여진다. 진정한 아름다움이란 스스로 미적 가치를 읽어낼 줄 아는 자기 긍정이다. 이처럼 긍정의 도취를 지니고 나눌수록 인간은 행복해진다.

아포리즘 16

지적 양심

가능하다는 것은 허용되었다는 것을 의미하고 이것은 해롭지 않다는 것을 의미한다. 여기서 자기 자신에 대한 관용이 발생한다. 자신에 대한 관용이 좀 더 많은 확신을 허용한다. 이것들은 타협해가며 함께 살아간다. 그것들은 오늘날의 전 세계가 그러하듯 서로의 체면을 손상시키려 하지 않는다. 오늘날에는 무엇이 사람들의 체면을 깎는가?

- 『우상의 황혼』, 어느 반시대적 인간의 편력

어쩌면 단편적인 현상을 보고 빠르게 일반화시키며 진실을 왜곡하는 현대 사회의 문제들은 절대적 도덕성이 아닌, 양심의 개별성을 외면하고 있기 때문에 발생하는 오류가 아닐까. 대부분의 사람이 양심과 양심의 가책을 혼동한다. 그러나 양심과 양심의 가책은 결코 같지 않다.

니체는 양심을 자유롭고 선한 것으로 이해한다. 즉 양심이라는 것을 떠올릴 때 그것을 '어겨서는 안 되는 현상' 혹은 '지켜지지 않으면 문제가 생길 수 있는 심리적 책임'으로 인지하지 않는다는 뜻이다. 양심이란 그 자체로 선한 것임으로 자연스러운 상태를 말한다.

구체적인 도덕으로서 양심을 말할 때도 그것은 전체가 아니라 한 명의 개인과 관련되어 있다. 즉 절대 도덕을 경계하고 개별적인 주체들에게 그 판단과 책임에 대한 자연스러운 권한을 부여할 수 있을 때 선한 양심이 존재할 수 있다는 뜻이다.

이는 요즘 우리가 마주하는 수많은 사회현상과도 연관되어 있다. 공중도덕에 관해 이야기한다고 가정해보자. 일반적이고 절대적인 전통의 도덕관념으로 바라본다면 대중교통을 이용할 때는 노약자에게 당연히 자리를 양보하는 것이 마땅하다. 그렇다면 젊은이가 노인 앞에서 자리를 차지하고 있는 모든 경우가 다 양심의 가책을 느낄 만큼 잘못된 행위라고 볼 수 있는가? 그 물음에 대한 답은 지극히 개인적인 상황과 주체적인 양심에 따라 달라질 수 있다.

강도 높은 노동으로 다리에 통증을 느끼는 젊은이가

좌석에 앉아 있으며 비교적 건장한 노인이 그 앞에 서 있을 경우를 가정해보라. 일반적 도덕의 통념에도 불구하고 그들은 자기 자신의 양심에 비추어보아 어떤 양심의 가책을 느끼지도 강요하지 않아도 된다.

이러한 예시가 바로 니체가 말한 선한 양심의 개별성이라고 볼 수 있다. 도덕철학은 절대적이지 않고 개별적으로 작용할 수 있어야 하며 그 자연스러운 양심이 지켜질 수 있을 때 사회의 도덕도 적절히 유지될 수 있다. 따라서 주권적 개인만이 선한 양심을 지닐 수 있으므로 개인은 눈앞에 보이는 현상을 일반적인 관념으로 쉽게 해석하고 판단하는 것이 아니라, 그보다 더 복잡한 차원의 개별성이 작용하고 있음을 이해할 수 있어야 한다.

아포리즘 17

아름다움과 추함

아름다움이라는 우리의 느낌보다 더 제약받는, 더 제한되는 것은 없다. 인간이 인간 자신에 대해 느끼는 기쁨에서 아름다움을 분리해 생각해보려는 사람들은 즉시 자기 발아래 토대와 지반을 상실하게 될 것이다. '아름다움 그 자체'는 단지 말에 불과하며 개념도 되지 못한다. 아름다움 안에서 인간은 자기 자신을 완전성에 대한 척도로 설정하고, 심지어는 자신을 숭배하기도 한다.

-『우상의 황혼』, 어느 반시대적 인간의 편력

니체의 말을 빌리자면 인간은 세계 자체가 아름다움으로 가득 차 있다고 믿는다. 그러나 인간은 자신이 바로 그 아름다움의 원인이라는 점을 망각해버리고 만다. 바로 인간이 스스로 세계에 아름다움을 아주 인간적이고 너무나 인간적인 아름다움을 선사했는데도 말이다. 인간은 근본적으로 사물에 자기 자신을 비추어보고 또는 다른 이에게서 발견한 자신의 모습을 아름답다고 여긴다. 아름답다는 판단은 인간의 종적 허영심이다. 오직 인간만이 아름다움을 느끼고 읽는다.

반대로 인간에게 추하다는 판단은 무엇인가. 인간 본능 안에 그 답이 있다. 소진, 고난, 피곤 등의 모든 징표 특히 모든 종류의 부자연스러움 같은 것들이 추하다는 가치판단을 일으키며 증오심을 불러일으킨다. 인간이 증오하는 것은 무엇일까? 분명 의심할 여지가 없이 그것은 자기 유형의 쇠퇴이다. 나이가 들수록 인간은 쇠퇴하며 아름다운 것보다 고통스러운 것들을 더 많이 인지하게 된다.

니체는 젊음을 오래 유지하는 비결로서 수많은 대립을 인정할 줄 아는 것이라고 말했다. 여기에서도 니체의 디오니소스적 가치에 대한 중요성을 확인할 수 있는 셈이다. 인간은 지금이 완전히 만족스럽고 더는 변화를 두려워하여 고착될 때 늙어간다. 그것은 곧 세상의 아름다움을 끊임없이 읽어내고자 하는 욕구 대신에 자신에게 경험적으로 좋았던 것에 대한 오래된 집착을 불러오게 되는 것이다.

  죽음과 고통이 필연적으로 새로운 탄생과 자유로움을 불러오듯 니체의 세상에 대한 긍정은 곧, 아니러니하게도 삶의 기쁨과 슬픔의 무한한 반복과 필연성으로부터 온다. 고로 아름다움과 추함 역시도 창조와 파괴를 반복하며 계속해서 나아간다. 그 과정을 지속할 수 있는 자만이 다시 아름다움을 읽는 것이고 고통에 머물기로 작정해버린다면 차츰 퇴보하며 아름다움으로부터 더 멀어지게 되는 것이다.

아포리즘 18

우리는 인간을 능가해야 한다

오늘날 누구도 물어볼 용기가 없는 문제들을 선호하는 강건함, 금지된 것에 대한 용기, 미궁으로 향하는 예정된 운명, 일곱 가지 고독에 의한 한 가지 경험. 새로운 음악을 위한 새로운 귀. 가장 멀리 있는 것을 위한 새로운 눈. 이제껏 침묵하고 있던 진리들에 대한 새로운 양심. 그리고 위대한 양식의 경제성을 추구하려는 의지: 그 힘과 열광을 흩어지지 않게 한데 모으려는 의지…… 자신에 대한 존경, 자신에 대한 사랑, 자신에 대한 무조건적인 자유…….
우리는 인간을 능가해야 한다.

-『안티크리스트』, 서문

니체는 형이상학적인 것들의 전승과 실체가 없는 고정된 관념을 거부하고자 했다. 오직 인간이 스스로 지닌

힘의 의지야말로 믿을 만한 것으로 보았다. 그가 말한 초인, 위버멘쉬 같은 개념들도 자기 자신의 한계를 극복하고, 계속하여 자신을 마주 볼 줄 아는 인간을 뜻한다. 우리가 자기 자신이라는 인간으로서 스스로를 인지하고 지금보다 더 긍정적인 자신으로 나아가고자 할 때 비로소 자신이 존재한다고 본 것이다.

또한 자기 긍정이 가능하기 위해서는 단계적인 시도와 극복의 반복이 필수적이다. 너무 먼 가치의 어떤 목표를 설정하고 꿈에 대한 맹목적인 추종을 일삼다 보면 그곳으로 향하기까지의 길을 잃어버리기 쉽기 때문이다. 꿈으로 향하는 단계적인 조건들을 설정하고 그것을 하나씩 차근차근 오르다 보면 어느새 우리의 욕망은 허영심이 아닌 사랑스러운 빛으로 작용할 것이다.

고로 반드시 삶은 실천적인 면에서 그 가치가 규정되어야 한다. 자기 자신에 대한 힘에의 의지를 긍정하기 위해서는 내 힘을 현실로 발현시키고 해석하는 과정이 필요하다. 그리고 그 해석은 무한한 자기 긍정이 아니라, 자기 유한성에 대한 객관적 인식에서부터 오는 것이다. 나의 경험과 생각이 완전한 것이 아니며, 현재 나에게 부족한 것, 내가 목표로 삶는 무엇을 향해 필요로 하는 것을 제대로 받아들일 수 있는 자만이 오늘의 자신을 극복하고 능가할 수 있다.

아포리즘 19

도덕이란 무엇인가

도덕주의자 칸트에 대해 한마디 하면 덕은 우리의 고안물이 어야만 하고 우리의 가장 개인적인 정당방위이며 필수품이어 야만 한다. 다른 의미로서의 덕은 어떤 의미에서든 한낱 위험 일 뿐이다. 우리 삶의 조건이 아닌 것은 삶을 해친다. 칸트가 원했던 것처럼 덕이라는 개념에 대한 존경심에서만 비롯된 덕은 해롭다.

-『안티크리스트』

니체는 지나치게 고정된 도덕의 유일성을 경계했다. 인간에게 최고의 선, 즉 도덕의 규칙이 분명하고 모두에게 보편적이라는 칸트의 철학은 니체로서는 인간의 상대적인 도덕적 해석을 부정하는 것이기 때문이다.

만약 칸트의 주장처럼 도덕의 보편성이 인간의 경험

으로부터 오는 것이 아니라 이미 인간에 내재된, 고정되고 선험적인 것이라면 개인적인 인식과 창의적인 사고, 합리적 가치판단 등의 인식보다 하나의 선험적 도덕이 더 우위에 있다는 뜻이 된다.

그러나 칸트의 이러한 선험적 성격은 이미 내재된 것이기 때문에 경험에 의해 깨닫게 되는 것이 아니다. 그것은 해명할 수 없는 확신 혹은 믿음의 결과이기도 한 것이다. 니체는 이러한 형이상학적 믿음이 또 하나의 무조건적인 맹신으로 나아가게 될 것을 우려했다.

도덕이란 무엇일까. 물론 모두가 대부분 동의하는 내용도 있을 것이다. 이를테면 '생명은 소중하다.', '자연을 사랑해야 한다.', '약자를 보호해야 한다.'와 같은 지극히 보편적 도덕관들도 있다. 그러나 실상 사회는 꼭 그렇게 작용하지 않는다. 선험적 덕으로서의 신념도 살아온 환경, 자신만의 가치관, 직업, 사회적 위치 등과 같은 아주 다양한 이유로 더 중요하고 덜 중요한 것에 대해서 가치판단을 경험하기도 한다. 그리고 사람들은 그 내용에 대해 다투기도 하며 이것이 옳다고 각기 다른 주장을 펼치기도 하는 것이다.

만약 도덕이 완전무결한 하나의 선험적 성격의 경우

라면 모든 인간이 느끼는 각각의 상황에 대한 인식도 같아야 하는 것은 아닐까. 그러나 오늘날 우리는 모두 각자만의 도덕을 지니고 있다. 비록 그 개인들이 약자를 보호해야 한다는 내용에 동의할지라도 각각의 상황에 따라 무엇이 약자인가에 대한 견해를 놓고도 치열히 다툴 수 있다.

니체는 이러한 칸트의 믿음에 관하여 이성에 대한 보편성과 필연성을 확인하고 싶어 하는 욕망에서 출발한 실수라고 답했다. 그러나 무엇이 옳고 그른 것인지는 아무도 모른다. 우리가 모두 한낱 인간이기 때문이다.

아포리즘 20

달리 생각하는 법

우리는 달리 생각하는 법을 배웠다. 우리는 모든 면에서 더 겸손해졌다. 우리는 인간을 더 이상 정신과 신성으로 소급시키지 않는다. 우리는 인간을 동물 가운데로 되돌려 놓았다. 우리는 인간을 가장 교활하다는 이유로 가장 강한 동물로 간주한다. 그의 정신성이란 것은 이것의 한 결과이다. 그렇지만 우리는 여기에서도 다시 소리를 내려고 하는 허영심에 저항한다. 마치 인간이 동물 진화의 위대한 숨겨진 의도였다는 듯이 생각하는 허영심에. 인간은 결코 창조의 극치가 아니다. 모든 존재자는 인간과 나란히 있고 같은 단계에서 완전하다…… 그러나 이처럼 많은 주장에도 불구하고 인간은 상대적으로 모든 동물 중에서 최고의 실패작이다.

- 『안티크리스트』

무엇을 알고자 하고 보다 더 깊이 파고드는 지적 허영 같은 노력은 모두 어디로 사라졌나. 우리는 디오니소스적 도취를 놓아버렸다. 제한과 윤곽의 규정된 형태에서 벗어나 자유롭게 창조성을 발산해내는 생리적 도취의 결과를 잊어버리고만 것이다. 자기 스스로의 의지로 생각을 만들어내는 힘이 없는 한 진정 내면으로부터의 변화는 일어나지 않는다.

심지어 사회의 규범, 일반적인 기준이 개인의 창조력을 부정적으로 표현하며 그와 같은 디오니소스적 상태를 일반적이지 않다거나 틀에 어긋나는 사람으로 바라보며 헐뜯기도 한다. 그러나 창조성을 부정적으로 바라보는 시선은 그처럼 고조된 자극, 변화무쌍한 반응들로 인해 자신이 기존에 쌓아가던 현실의 기준들이 자칫 무너지는 것은 아닐지에 대한 두려움일 뿐이다.

계속해서 기준을 만들어가는 것이 인간의 주체성이며 다른 어떤 종과도 구별되는 우수한 능력이다. 하나의 틀에 고정되지 않고 계속하여 포용하고 다양한 길을 만들어가며 사회와 개인 모두의 성장을 도모하는 것. 바로 그러한 총체적 변신 과정이 인간이 지닌 예술성의 아름다운 결과이다. 달리 생각하는 방법이란 억지로 남들과 다른 답을 제시하는 것이 아니라, 자신이 느낀 그대로의 인식이 세상의 기준과 조금 다를 지라도 주눅 들지 않고 근거와 이유를 표현할 줄 아는 용기라고도 볼 수 있다.

그러한 용기를 지닌 인간은 최고로 활성화된 쾌감을 느끼며 그 충만함으로 인해 넘쳐흐를 정도의 풍요로움을 느끼며 확장하고 상승한다. 그 자체로 완전함이 아니라, 완전하므로 스스로를 전이시킬 만큼 필연적으로 충만함을 경험하는 것이다.

아포리즘 21

나는 나를 내버려두지 않는다

조만간 나는 인류에게 역사상 가장 어려운 요구를 해야만 한다는 생각이 들어 내가 누구인지를 밝혀두는 것이 꼭 필요하다고 느꼈다. 사실 사람들은 내가 누구인지 이미 알고 있을 수도 있다. 나는 나를 드러내지 않은 채로 내버려두지 않았기 때문이다.

-『이 사람을 보라』, 서문

니체는 자신의 철학을 생리학이라고 표현하곤 했다. 이는 잘 먹고 건강하게 살아가는 일이 곧 훌륭한 철학을 실천하는 길이란 의미로 해석할 수 있다. 그는 육체의 건강함과 활발함을 유지한다면 정신 또한 신체 기관처럼 단련되며 그에 따라 긍정적으로 상승한다고 본다.

정신과 신체 중 무엇이 먼저인지에 대한 정답은 없어

도, 분명 이러한 관점은 현대인의 정신건강에 중대한 영향을 끼칠 수 있다. 아무리 뛰어난 정신을 수양한다고 해도 건강하지 않은 자를 행복한 사람이라고 말할 수 있을까. 혹은 아무리 신체가 건강하여도 정신이 부정하다면 그것을 건실한 인물로 바라볼 수 있을까. 결국 신체나 정신 그 모든 것은 '나'라고 하는 세계에 포함되는 대상일 뿐이다.

무탈하고 충실한 마음가짐과 신체를 지니고 있다면 인간은 자신을 드러낼 수밖에는 없다. 억지로 꾸며내지 않아도 자기다움이 넘치기 때문이다. 초인의 중대한 자격 중 하나는 자신을 믿고 사랑하는 것이다. 스스로를 은폐하지 않고 타인의 삶과 내 삶을 지나치게 비교하지 않아도 자신만 사랑한다면 자기 길을 걸을 수 있다.

이따금 인간은 오직 자기 자신에게만 물을 수 있는 질문과 마주친다. 그 질문에 답하는 방법을 어디에서 배울 수 있을까? 『차라투스트라는 이렇게 말했다』에서 차라투스트라는 자신에게 가야 할 길을 묻는 이들에게 그런 길은 없다고 답한다. 다만 오직 현재 내가 걷고 있는 길이 있을 뿐이라는 대답을 내어줄 뿐이다.

필연적으로 정해진 길은 없으며 그저 내가 나아가는

걸음이 내가 앞으로 걷게 될 길의 일부가 된다. 무엇보다 자신의 걸음을 신뢰할 줄 아는 자세가 건강한 삶을 만들어가는 확고한 의지로 작용하는 것이다. 그러한 걸음은 분명 과하게 포장하지 않아도 두드러진다. 고로 삶을 명료하게 살아가는 방법은 오직 자신의 신체와 정신을 밝게 유지하며 매 순간 자신을 이해시키는 것이다.

아포리즘 22

고통을 대하는 방법

내 건강에 대한 의지와 삶에 대한 의지를 나는 나의 철학으로 만들었다. 왜냐하면 다음의 사실을 주목해보라. 내게 생명력이 가장 낮았던 그해는 내가 염세주의자임을 그만두었던 때였다. 나의 자기 재건 본능이 내게 비참과 낙담의 철학을 금지해버렸던 것이다. 그러면 우리는 근본적으로 어떠한 부분에서 우리가 제대로 잘되어 있다는 것(Wohlgerathenheit)을 알아차리는 것인가!

- 『이 사람을 보라』, 나는 왜 이렇게 현명한지

니체는 평생 두통과 정신적 고통 속에서 괴로워하였으나, 종종 지인에게 보낸 편지 속에서 '나는 매일 살고 있다.'라고 스스로를 표현하기도 했다. 그가 신체의 건강함을 훌륭한 사상가의 주된 가치로 꼽는 것 역시 어쩌면

자기 현실에 대한 솔직한 경험에서 오는 고백이었을 것이다.

때로는 10년간 저술 활동을 하지 않은 채로 철학적 침묵 속에 자신을 내몰았으나, 끝끝내 니체는 그 고독을 실존으로 바라보며 고독이 자신을 가두는 벽이 아니라, 자신을 표현하는 하나의 내면세계라고 인식하였다. 니체는 인간, 사물, 철학, 고통 자신과 호응하는 모든 것을 관계로 인식하고 그것과 자신 사이에서 교류하며 스스로를 드러내고 이해하고자 노력하였다. "나를 죽이지 못하는 것이 나를 더욱 강하게 만든다."라며 『우상의 황혼』에서 그가 했던 대담한 표현은 그가 고통을 어떻게 바라보고 있는지 명확히 보여준다.

그렇다면 어째서 고통을 하나의 촉매제로서 인식하게 된 것일까. 니체는 인간이 자신에게 유익한 것에 익숙해져버리고 만다면 그 한계를 넘어서고 기쁨으로 인식하게 될 가능성도 중지되어 버린다고 답한다.

더 풍부한 삶을 위한 효과적인 자극제는 현재에 안주하지 않고 계속해서 나아가고자 하는 마음가짐이다. 하나 현재에 안주하지 않는다는 표현이 결코 주어진 기쁨을 즐기지 않고 계속해서 자기 성장을 위한 도구로써 사용한다는 뜻은 아니다. 오히려 쾌락을 유익하게 맞이해야 인간은 멈추지 않을 수 있다. 현재의 즐거움을 받아들이되 나를 아프게 하거나 고통스럽게 하는 것들을 외면하지 않고 그 안에서도 나름의 도움이 될 만한 것들을 찾아 극복하고자 하는 자세가 니체가 말한 치유의 핵심이다.

또한 그러한 깨달음은 인생 전체를 걸쳐서 개별적 경험으로 체득하는 것으로, 어쩌면 니체가 말한 고통을 뛰어넘는 치유와 재생이란 완전한 치유, 통증으로부터의 자유로움이 아니라, 끝나지 않는 자기 인내라고 말해야 할 것이다. 그러니 끝끝내 자신을 견디는 사람이 승리한다.

아포리즘 23

일상의 리듬을 지켜내는 일

이 대목에서 '어떻게 사람은 자기의 모습이 되는가?'라는 질문에 진정한 대답을 하는 것을 더는 피할 수 없다. 이것으로 나는 자기 보존 기술의 결작을 잠시 언급하게 된다. 그것은 이기적임, 자기의 과제 천명, 과제의 운명이 평균적인 대중에게 넘어서고 있다고 상정해보면, 이 과제를 가지고 있는 자신을 파악하는 것보다 더 큰 위험은 없을 것이다. 어떻게 사람은 자기의 모습이 되는가에 대한 답은 본래 자신이 무엇인지에 대해서 희미하게라도 예측을 필요로 한다는 것을 전제한다.

- 『이 사람을 보라』, 나는 왜 이렇게 영리한지

자기 자신이 된다는 것은 어느 순간 갑자기 이루어지는 것이 아니라, 꾸준히 스스로 자기의 모습을 찾을 수

있도록 허락하는 것이다. 즉 자신의 모습이란 내 안에 내재되어 있으면서도 성숙함으로 피워내는 것임으로, 자신의 본성과 리듬에 맞춰 삶을 점차 스스로에 알맞은 모습으로 구성해나가는 과정 자체를 뜻한다.

자기다움을 아는 것은 지혜로운 것이다. 그리고 그 지혜는 학습과는 다른 것이며 오히려 자기 안의 감각과 본능을 잘 다스릴 줄 아는 일에서 출발한다. 내가 무엇을 좋아하는지, 좋아하는 것을 언제 행할 때 더 자연스러운지, 그러한 즐거운 일들은 누구와 나눌 때 행복한지와 같은 질문을 통해서 자신에게 더 알맞은 삶의 리듬을 확인하고 스스로에게 적용할 수 있다.

이를테면 니체는 오전에는 주로 산책과 사색을 그리고 조용히 몸을 정돈하는 데 시간을 할애했고 글쓰기는 오후가 되어서야 시작할 수 있었다. 더 좋은 글쓰기를 하기 위하여 생각이 잘 익었다고 느낄 때까지 해야만 하는 자기만의 루틴을 지니고 있었다. 그에게는 오후가 창조의 시간이었다.

또한 니체는 맑은 정신을 유지하고 사고의 명료함을 지켜내기 위해 맑고 온화한 기후 환경에서 머무르고자 했다. 이사도 잦았으며 그러한 환경과 루틴을 지키기 위해서는 많은 고집과 노력을 기울여야 했다. 일상의 리듬을 확인하고 지켜내고자 하는 그 과정이 곧 자기 자신을 깨닫고 참된 자신의 모습으로 살아가고자 하는 행위 그 자체였기 때문이다.

자기 자신을 하나의 예술 작품처럼 세심하고 소중히 대할 때, 나는 스스로가 누군지 분명히 알게 된다.

아포리즘 24

인간은 스스로를
깨어나도록 다독인다

나는 이 형상을 완성하기를 원한다. 내게 어떤 그림자가 다가왔기 때문이다. 만물 가운데 가장 조용하고 가장 경쾌한 것이 나를 찾아온 것이다! 위버멘쉬의 아름다움이 그림자로서 나를 찾아왔다. 내게 신들이 무슨 상관이란 말인가. 나는 마지막 관점을 강조한다. 밑줄 그은 구절이 그 실마리를 제공한다. 디오니소스적인 과제를 위해서는 망치의 단단함과 파괴할 때의 기쁨 자체가 그 결정적 전제 조건이 된다. "단단해질지어다!"라는 명령, 모든 창조자는 단단하다는 더할 바 없이 심층적인 확실성이 디오니소스적인 본성의 가장 특징적 표현인 것이다.

-『이 사람을 보라』, 아침놀

니체는 기존 도덕들 특히나 종교적인 질서가 인간의 본능을 억압한다고 주장했다. 그에게 이성이란 하나의

도구였으며 그보다 더 중요한 가치판단은 솔직한 내면의 감정, 무의식의 충돌과 같은 것이었다. 더불어 자신의 이성으로 내면의 가치를 외면하지 않는 행위 그리고 거기에서 더 나아가 자기감정을 이해하고 그것을 예술로서 승화시키는 일을 디오니소스적 본성이라고 파악했다.

디오니소스적 본능이란 곧 고통과 갈등, 혼란스러움과 같은 형태의 감정들도 삶의 일부로 인식하며 피상적인 쾌락이 아닌 진정한 가치로서 기쁨과 고통을 긍정하는 의미를 지니고 있다. 이와 같이 삶을 진심으로 긍정하기 위해서는 고통을 받아들일 수 있을 만큼 단단해질 마음가짐이 필요하며 기존 질서를 허물고 자신의 가치를 확립할 수 있을 만큼의 모험심을 지닐 수 있어야만 한다.

작품의 제목 아침놀에서 연상할 수 있듯이 니체는 그러한 정신을 새로운 의지에 대한 여명으로서 제시하고 있다. 생각해보면 사람들은 매일 가장 어두운 밤을 지나 아침을 맞이한다. 무의식의 꿈을 꾸며 눈을 감고 자기 자신만의 어둠을 끌어안은 뒤 아침에 눈을 뜨는 것이다. 누구나 새로운 새벽을 맞이하며 깨어난다. 그 새로운 아침이란 자신에게 진실하며 생의 본능을 외면하지 않는 결과이다.

아포리즘 25

예술은 삶을 고양시킨다

나는 예술가들이 종종 자기가 가장 잘할 수 있는 것이 무엇인지를 제대로 알지 못한다고 생각한다. 그것을 알기에는 그들의 허영이 너무 지나치기 때문이다.

− 『니체 대 바그너』, 내가 감탄하는 곳

이 작품의 제목이 '니체 그리고 바그너'가 아니라 '니체 대 바그너'로 표현된 것은 그럴만한 이유가 있다. 단순히 음악적 취향의 문제가 아니라, 니체가 바그너에게 철학적으로 결별을 선언하는 작품이기에 그렇다. 젊은 시절 니체는 바그너의 예술과 철학에 공감했고 지지하였다. 그러나 바그너의 작품 속에 등장하는 신의 의지에 대한 경외와 인간의 한계 등의 요인으로 인해 니체는 그의 작품 속에서 지나친 염세주의를 목격하고 만다. 니체로서는 삶을 고양시키며 의지를 강하게 만들어야 하는 것이 곧 예술이었으므로 바그너의 노래들을 디오니소스적 정신에 대한 부정으로 인식할 수밖에는 없었을 것이다.

『니체 대 바그너』는 무엇이 좋은 음악인가라는 비평이 아니라, 어떤 음악 혹은 예술이 인간의 삶을 긍정하도록 하는가에 대한 철학서라고 할 수 있다. 지나친 이성에 의해 본능을 외면하는 것, 반대로 지나친 허무주의로 인해 인간의 감정을 나약함 속에 머물게 하는 것 두 가지 모두가 니체의 초인(Übermensch)이라는 인간상에 반하는 것이라고 볼 수 있다.

초인은 삶을 창조적으로 바라보며 선과 악이라는 이분법 속에서 벗어나 삶의 다양한 모습을 인식하고 스스로 길을 찾아 나서고자 하는 인간이다. 그러나 바그너의 음악은 기독교적 연민과 순종 그리고 결국 넘어설 수 없는 인간의 좌절을 그려냄으로써 자기 극복의 의지와는 상반된 의미를 그려내고 만 것이다.

그러나 바그너의 예술 전부가 니체와 완전히 단절되는 것은 아니다. 후기의 바그너와 니체가 존경하던 바그너의 예술은 분명 구분되어야 한다. 두 사람이 함께 토론하며 철학에 대해 묻고 답하던 이상은 니체 철학 속에서 분명 자기 삶을 창조하고자 투쟁했던 인물로서 기능하고 있기 때문이다.

아포리즘 26

비로소 자유로움

모든 예술, 모든 철학은 성장하거나 하강하는 삶의 치유 수단이나 보조적인 방법으로 간주될 수 있다. 이것들은 언제나 고통과 고통받는 자를 전제한다. 그런데 고통받는 자는 두 종류가 있다. 하나는 삶의 충만함으로부터 고통받는 자다. 그는 디오니소스적 예술을 원하고, 삶에 대한 비극적 통찰과 비극적 개관 또한 원한다. 다른 하나는 삶의 빈곤으로 인해 고통받는 자다. 그는 안식과 고요, 잔잔한 바다, 도취와 경련, 마비를 예술과 철학에 요구한다.

— 『니체 대 바그너』, 우리의 대척자들

때로 예술은 삶을 어떻게 바라볼 것인가에 대한 물음으로 작용한다. 니체는 예술을 삶을 더 깊이 이해하기 위한 창조적인 고통으로서 바라보았다. 과연 인간의 삶에서 고통을 피할 수 있을까. 고통으로부터 완전히 자유로울 수 있을까. 고통 자체의 부정은 곧 삶에 대한 외면이기도 한 것이다. 오히려 고통을 정면으로 바라보며 그것을 자신에게 좋은 영향력으로서 끌어안을 수 있는 태도가 필요하다. 그렇게 되면 고통은 좌절, 괴로운 것에 그치지 않고 그다음으로서 현실을 넘어서고자 하는 기운으로서 쓰일 수 있다.

반면에 고통에 잠식되어 자신을 부정하거나, 스스로 그 괴로움에 도치되어 삶을 방치해버리게 되면 변화는 일어나지 않는다. 실제로 고통이 자신을 흔들고 심지어는 붕괴시킬 만큼의 과정을 초래할 수 있다. 그러나 그것을 이겨내는 자는 앞으로 그것을 재료와 경험으로 삼고 또 다른 에너지를 자생한다. 이토록 어려운 고통에 관한 긍정이 가능한 이유는 인정하는 태도에 있다.

삶에는 행복과 고통이 혼재하고 있다는 것을 정확히 인정하고 나면 답은 조금 더 쉬워진다는 것이다. 실제로 우리는 매일매일 이러한 유혹에 마주한다. 귀찮은 것, 외면하고 싶은 것, 인정할 수 없는 것에 관하여 진짜 삶을 다른 모습으로 이 세계 어딘가에 존재할 것이라는 착각과 환상을 품고 만다. 그러나 돌고 돌아 마침내 인간이 깨어나는 순간은 그 고통을 인정하는 때이다.

   세상에는 내가 해야 할 일이 있으며, 자기 자신으로 살아가기 위해 마땅히 감내해야 하는 수고로움이 있다. 이따금 그 진실을 인정하는 과정은 너무 쓰라리고 아프지만, 삶을 사랑한다는 것은 그 상처를 모른 척하는 것이 아니라, 더욱 귀 기울이며 의미를 찾는 일이라고 말할 따름이다.

아포리즘 27

자신을 고발한다

마음 깊이 괴로워하는 인간은 정신적 구토와 거만함. 그것은 인간이 얼마나 깊이 괴로워할 수 있는지에 대한 등급을 거의 결정한다. 자기가 겪은 고통 덕분에 깊이 괴로워하는 인간은 어떤 똑똑하고 현명한 자들이 알 수 있을 만한 것보다 더 많이 알 수 있다.

- 『니체 대 바그너』, 심리학자가 말한다

"나는 심리학자다. 나는 바그너의 음악 속에서 그가 피하고 싶은 진실을 듣는다."라며 니체는 바그너의 음악 속에서 그거 피하고 싶은 진실을 듣게 되었다고 말한다. 그는 건강한 예술과 병든 예술로서 그 이유를 그려낸다. 병든 예술은 억눌려 있으며 지나친 연민을 불러일으키고 자기기만에 빠져있다. 반면에 건강한 예술은 생명력을 품고 어떤 창조의 욕구를 가져오며 자신을 초월하고자 한다.

흔히 인간은 자신이 좋아하는 것과 취향 속에서 은근히 자신을 드러낸다. 예술을 하는 이유는 그렇게 자신의 무의식 속에 숨겨진 본능 혹은 미세하게 느끼고 있지만 구체적으로 확인할 수 없었던 내면의 고통을 다른 모습으로 마주하고자 함이다. 음악을 듣고, 미술 작품을 감상하고, 책을 읽고 대화를 나누면 사람들은 자신도 모른 채 어떻게든 인생이 좋은 방향으로 흐르고 있는 건 아닌지 희망하게 될 때가 있다. 그것은 자기가 행하는 예술과의 상호작용 속에서 알게 모르게 내면의 참된 모습을 누설하고 인정하며 속 시원함을 느끼는 과정을 경험하기 때문이다.

이처럼 때로 고통은 상처를 통해 오는 것이 아니라, 긴 시간 다양한 형태로 조금씩 자신에게 노출되기도 하는데 이것을 놓치지 않고 깊이 있게 헤아리는 사람은 성숙한 인간으로서 고양되기 마련인 셈이다. 그렇게 자신을 지속적으로 마주하는 존재들은 타인의 아픔에 대해 사려 깊고 또한 그 고통을 퇴폐적으로 연민하는 것이 아니라, 긍정의 재료로 승화시키도록 돕는다. 즉 훌륭한 예술, 좋은 친구란 내 감정을 지극히 도취되도록 하는 것에 머물지 않고 어떻게든 흘러가도록 돕는 존재들이다.

아포리즘 28

나는 나의 진리다

그대는 그대를 희생한다, 그대의 부가 그대를 괴롭힌다

그대는 그대를 놓아버리고

그대는 자신을 돌보지 않으며 스스로를 사랑하지 않는다

큰 고통이 언제나 그대에게 동반된다

넘쳐나는 곳간의 고통 넘쳐나는 심장의 고통

하지만 누구도 이제는 그대에게 감사하지 않는다

그대는 더 가난해지지 않으면 안 된다

현명한 어리석은 자여!

사랑받고자 한다면

오직 괴로워하는 자만이 사랑받고

사랑은 오직 배고픈 자에게만 주어지는 법이니

너 자신을 먼저 선사하라, 오오 차라투스트라여!

너는 너의 진리다

　　－『니체 대 바그너』, 가장 부유한 자의 가난에 대하여

 간혹 지혜로운 사람들이 더 큰 괴로움 속에서 쉽게 빠져나오지 못하는 것을 목격한다. 너무 많은 생각과 이해가 그의 내면에서 요동치고 있기 때문이다. 혹은 주변의 지나친 관심이 자신을 주저하도록 만들기도 한다. 그리하여 때로는 현명함, 지혜로움 같은 부류의 이성은 내려놓고 명랑함, 생기발랄함과 같은 감각을 지켜낼 필요가 있다.

 언제나 시대는 지혜로운 이에게 고통을 선사한다. 결핍된 자에게 사랑과 동정을 나누어주어야 하고 주변의 곤란함을 나의 성숙함으로 지지해줄 것을 부탁한다. 그러나 진정한 사랑과 지혜 속에 한 방향으로만 흐르는 것이 있을까. 이따금 현명한 사람들도 바보처럼 가난한 사람처럼 울며 기댈 곳이 필요하다.

 누구나 어리석은 자가 될 수 있다. 그 겸손한 마음이 우리를 서로 지지해주는 원동력이 될 수 있다. 자신을 초월하는 것에는 항상 더 높은 곳에 대한 도약이 있는 것이 아니다. 내려놓고 가벼워질 수 있는 것 역시도 나를 초월하는 방법이다.

  중요한 것은 삶의 열정과 유쾌함을 잃어버리지 않는 것이지, 항상 현명한 선택을 고수하는 일이 아니다. 너는 너의 진리다. 그 뜻은 내 선택이 때로 아주 효율적이며 완벽한 것이 아닐지라도 그리 낙담하지 말라는 의미를 포함하고 있다. 진리란 결국, 어떻게 살아갈 것인가에 대한 나 자신의 선언문이니 내 행복을 위해 나 자신을 해방할 수 있다면 그것만큼 아름다운 선택이 또 어디에 있을까!

아포리즘 29

진리를 구성하고 있는 것

사실 우리는 의지의 근원을 찾으려고 이 물음 앞에서 오랫동안 기다렸다. 그래서 마침내 보다 더 근본적인 물음 앞에 걸음을 멈췄다. 그리고 이 의지에 대하여 얼마만큼 가치가 있는가를 묻고 있다. 우리가 진리를 바라는 것은 당연한 일이다. 반대로 우리는 어찌하여 진리가 아닌 것을 원하지 않는가? 그리고 왜 불확실을, 무지를 바라지 않는가? 여기서 진리의 가치란 무엇인가 하는 문제가 우리 눈앞에 나타났다.

─『선악의 저편』, 철학자의 편견에 대하여

 의지란 이성에 의해 쉽게 조절되는 수단은 아니다. 니체의 철학 속에서 의지란 그 자체로 자기 삶의 본질을 포함하는 개념이다. 인간은 단순히 생물학적으로 생존하는 것에 머물지 않는다. 자신을 더욱 발전시키고 확장하여 스스로가 지닌 가치를 발견하고 더욱 뻗어나가고자 한다. 이러한 관점에서 바라보면 진리란 것 역시도 하나의 절대적 권력과 의지가 아니라, 가치 평가의 결과물이자 인간의 욕망과 본능, 힘에 대한 의지인 것이다. 비록 그 진리란 객관적 실재가 없는 것이지만, 인간에게 그것은 실로 유용하다. 바로 자기 의지와 내면의 기원을 좇고 삶의 목적을 추구할 수 있는 기반으로 작용할 수 있기 때문이다.

따라서 진리란 모두에게 동일하지 않다. 그렇다면 진리란 정말 존재하는 것일까? 니체는 그 물음 앞에서 있음과 없음에 대한 고민이 아니라, 그 진리를 구성하고 있는 재료가 과연 내 삶의 가치를 설명해줄 수 있는지를 묻고 있다.

아포리즘 30

안락함에 의해 왜곡된 진실들

모든 철학자를 반쯤은 의심스럽게 반쯤은 조롱하듯이 바라보는 이유는 우리가 언제나 그들의 단순함을 꿰뚫어보고 있기 때문이 아니다. 또 그들이 얼마나 자주 잘못을 저지르고 그릇된 길로 가는가, 즉 그들의 유치함과 순진함을 알아차리기 때문도 아니다. 오히려 그들이 충분히 정직하지 못하기 때문이다.

- 『선악의 저편』, 철학자의 편견에 대하여

 기성의 세대 혹은 기득권이 되면 인간은 사실과 진실을 구분할 줄 알면서도 곧잘 자기 정당화를 하기 일쑤다. 그 과정에서 진실은 왜곡되며 자신에게 유리한 진술이 보편의 개념으로 포장된다. 마찬가지로 과거의 철학 속에서 객관적 사유가 아닌 자기 정당화가 발견되는 사례

들은 종종 있어 왔다. 비단 철학이라는 학문뿐만이 아니라, 인간의 사회 전반에서 그런 역설이 존재해왔다. 대개 사람들은 안락함을 선호할 수밖에는 없기 때문이다.

그러나 때로 진리란 불편하고 불쾌한 것이다. 어떤 계층, 어떤 세대, 어떤 구조에 의하여 억눌린 진실들은 질서의 추구라는 이름 아래서 빛을 잃어왔다. 따라서 삶을 독창적으로 나아가는 이는 그러한 가면을 벗기는 존재들이다. 그 존재를 어쩌면 새로운 인간의 발견, 즉 초인이라고 말해야 할 것이다. 안락한 사회에 굴하지 않고 진리조차 의심하며 현실을 초월하려 하는 자. 선악의 저편에는 그러한 초인의 미래가 기다리고 있다.

아포리즘 31

결과는 변화하고 발전한다

자기원인(causa sui)은 지금까지의 개념 중에서 가장 큰 모순이며 하나의 논리적 폭력이자 부자연스러움이다. 그런데 인간의 자만심은 길을 잘못 들어 결국 그런 어리석은 일에 무서울 정도로 깊이 휘말려들게 되었다.

-『선악의 저편』, 철학자의 편견에 대하여

니체는 자기원인에 대해 강하게 부정하였고 그로 인해 원인과 결과의 순서가 어지럽혀지는 모순을 비판했다. 자기원인이란 개념은 인간을 도덕적 책임에 가두기 위한 도구로서 사용되고 있다고 보았기 때문이다. 예를 들어 "나의 지난 선택, 나의 결정, 나의 욕망 같은 것들은 전부 다 나 스스로 만든 거야."라고 주장하는 사람이 있다고 하자. 니체는 그 사람에게 다시 물을 것이다. "그런

데 너의 선택, 너의 결정, 너의 욕망을 만든 너는 그것을 만들기 전부터 이미 존재했잖아. 네 말대로라면 존재했으니까 분명 그걸 만들었겠지. 그렇다면 그 '너'는 누가 만든 거지?"

사실 우리는 환경, 관계, 학습, 문화, 의지 그 모든 것이 복합적으로 작용해 만들어진 산물이다. 우리 인생의 결과가 오직 '자기원인' 하나로 결정되지 않는 것이다. 나를 만든 것은 내가 아닌 나를 포함한 그 모든 것이다. 어떤 결과에 대하여 오만하지 말아야 하며, 그 오만을 인간을 통제하려는 도구로서 이용하려 해서도 안 된다. 나는 나의 원인이라는 말은 자기 스스로를 시간 밖에 존재하는 신적인 존재로 보았을 때나 가능한 환상이기 때문이다.

자기원인은 원인과 결과가 뚜렷하다. 그 개념이 이해되기 위해서는 원인에서 이미 결과가 결정되어야 한다. 그러나 현실은 그렇지 않다. 어떤 원인, 심지어는 똑같은 출발선상에 있어도 인간은 각자 다른 결실을 맺는다. 그것은 인간이 끊임없이 변화하고 발전하려 하기 때문이다.

아포리즘 32

기꺼이 다른 관점으로

최고 학문이야말로 이렇게 단순화되어 철저하게 기교적인 허구의 세계에 우리를 가두려 한다. 최고의 학문은 오류를 싫어하면서도 사랑한다! 왜냐하면 학문도 살아 있는 것이며, 그리하여 삶을 사랑하고자 하기 때문이다! 이와 같이 유쾌하게 말을 꺼냈으나 진지한 말에도 귀를 기울여주길 바란다. 이것은 진지한 사람들에게 드리는 말이다. 그대들 철학자여, 인식의 친구들이여! 두려워하라! 순교자들을 경계하라! 진리를 위해서 고통스러워하지 마라! 자기 방어에 대해서도 조심해야 할 것이다!

-『선악의 저편』, 자유로운 정신

지나치게 자신을 합리화하는 경우 또는 내 기존 질서를 강하게 지켜내고자 하는 경우는 인간으로 하여금 쉽

게 객관적 사실로부터 멀어지도록 한다. 그것은 단순히 학문에 관해서 뿐만이 아니라, 인간과 인간 사이의 관계에 관하여도 마찬가지다. 어떤 것은 지나치게 단순화되어 이해하기 쉽게 가공되지만 어떠한 사실이나 의미가 지나치게 깔끔하게 받아들여진다는 것은 경계해야 할 부분이다. 왜냐하면 그것이 자신을 보호하기 위한 수단으로써 이용되어 새로운 가능성을 받아들이지 못하도록 가로막기 때문이다.

오류를 피하려고, 상처받지 않으려고 자꾸만 자신을 방어하기 급급해하다 보면 도리어 더 큰 어려움에 깊이 빠질 수 있다. 따라서 어떤 대세의 흐름이나 의심의 여지가 없는 결과에 관하여도 때로는 기꺼이 다른 관점을 수용해볼 필요가 있는 것이다. 이러한 의구심은 결국 자기 방어에 머물지 않고 끊임없이 질서를 해체하며 새롭게 바라보는 행위를 가능하게 한다. 분명 이것은 실로 안전한 방식은 아니다. 하나 인생에는 작은 혼란 속에서 길을 잃지 않게끔 스스로에게 힘을 길러주는 역할들도 중요하기 때문에 진짜 철학자들은 모험적 사고를 지켜내고자 한다. 그 경험들이 자신에게 힘이 된다는 것을 알기 때문이다.

아포리즘 33

자기다움과 고독

남들의 이해를 얻기란 어렵다. 특히 생각과 생활 방식이 다른 사람들, 즉 거북이나 개구리 같은 걸음으로 걷는 사람들 사이에서, 갠지스강의 흐름처럼 유유히 생각하며 살 때의 경우를 예로 들면 특히 그렇다.

-『선악의 저편』, 자유로운 정신

진정 나다운 사유는 고독을 요구한다. 따라서 자신을 더 깊이 알고자 할수록 인간은 필연적으로 외로움과 친숙해지는 것이다. 때로 자신을 알아가는 과정들이 주변 사람들 눈에는 그리 달갑지 않은 과정처럼 보이기도 하며, 바보 같은 행위로 비칠 수도 있다.

그러나 인생에서 중요한 것은 타자의 인정이 아니라, 자신의 기쁨과 목적을 찾는 것이 아닌가. 우리는 누군가에게 이해받기 위해 노력하는 것이 아니라, 자기 의지를 이해하기 위하여 노력하는 것에 몰두해야 한다. 고로 니체는 위대한 정신은 그 자신을 알리는 데 실패할 운명이라는 말을 남겼다. 그들은 시대보다 앞서 있고 언어보다 깊으며 대다수에게 말없이 스쳐 지나갈 뿐이다.

아포리즘 34

도덕이라는 말

'도덕학'이라는 말 자체가 이미 그 뜻에 비해 주제넘으며 올바른 취향에 거슬린다. 올바른 취향이란 언제나 겸손한 말을 택하기 때문이다. 지금의 경우는 될수록 엄중하게 고려하여 먼 장래에 필요한 것과 당장 긴급한 것이 무엇인가를 결정해야 한다.

-『선악의 저편』, 도덕의 자연사

도덕은 순수한 것이어야 한다. 그래야만 삶은 왜곡되지 않고 인간을 올바른 방향으로 이끈다. 그러나 도덕이 겸손하지 못할 때 그것은 인간을 기준의 노예로 만들 뿐 긍정적인 곳으로 이끌어주지 못한다. 니체가 오늘날까지 살아 있었다면 소셜네트워크 속의 억압적 사회규범에 분명 비판의 목소리를 내었을 것이다.

오늘날의 도덕은 고통과 실패를 부정하고자 한다. 그러나 진정한 도덕이란 순종적이며 친절하기만 한 것이 아니다. 타인보다 먼저 자기 자신에게 따끔한 목소리를 낼 수 있어야 하며, 비도덕적인 것에 분노하는 방법으로서 힘의 논리를 해결책으로 제시하지 않는다. 진정 도덕적인 것은 타인의 세계를 질투하지 않는다. 그리하여 미움이 아니라, 삶을 긍정하는 의미로서 자기 가치를 창조하고 지켜내는 것이 도덕이라 할 수 있겠다.

아포리즘 35

해답은 소유가 아니다

인간의 차이는 그들의 재산 목록의 차이만으로 드러나는 것이 아니다. 그 차이란 그들이 저마다 다른 물건을 보물로 여기고 또 서로 인정하는 보물의 가치나 등급에 대해 다른 의견을 지니는 것과는 다른 의미다. 인간의 차이는 그들이 진정한 소유와 점유를 어떤 것으로 생각하는지, 그 태도에서 드러난다.

- 『선악의 저편』, 도덕의 자연사

 니체에게 인간이 외적으로 지니는 소유물은 그저 잠깐 점유하는 물건에 지나지 않았다. 그는 진정 힘 있는 인간이란 소유하는 자가 아니라 자기 내면 안에서 가치를 창조해낼 수 있는 존재로 보았다. 재산과 물건에 집착하다 보면 그것을 소유하는 것이 아니라, 그것의 노예가 된다. 소유는 인간을 편안하게 하지만 그 안락함이 인간을 나약하게 만든다는 것이다. 지킬 것이 많을수록 인간은 상실을 두려워하게 되며 결국 자유로운 정신을 잃고 스스로를 불안함에 허덕이게 만든다.

오늘날 어떻게 스스로에게 존경할 만한 인물로 거듭날 수 있는지 그 방법에 관하여 묻는다면 다음과 같은 문장으로 답을 대신할 수도 있겠다. "인생의 해답은 무엇을 가졌느냐가 아니라 무엇을 넘어서는가에 달린 것이다."라고 말이다.

아포리즘 36

도덕의 자연사

당장 눈에 보이지 않고 앞으로도 보지 못할 무수히 많은 천체가 태양 근처에 존재하리라는 것은 마땅히 추론할 수 있는 일이다. 여기에서 솔직히 말하자면, 도덕은 하나의 비유이다. 도덕 심리학자는 모든 천체가 나타내는 문자를 단지 많은 것들을 그 속에 감추고 있는 비유나 기호로 읽는다.

- 『선악의 저편』, 도덕의 자연사

 도덕은 우주에 흩뿌려진 무수히 많은 별과 행성처럼 다양하다. 그것은 계속해서 발전하는 것이기도 하며, 때로는 본래 존재하였지만 우리가 미처 알지 못했기 때문에 인식하지 못하였던 것이기도 하다. 어떤 규범, 가치, 문화는 그렇게 인간이 느끼고 바라볼 수 있는 것에 따라 삶에 다르게 상호작용하기 마련이다. 과거의 인간을 돌아볼 때, 지극히 미련하고 야만스럽게 보이는 모습들도 당대 인간들에게는 최선의 바라봄이었던 것이다.

언제나 시대를 이끌고 나아가는 것은 그 고정된 역사와 규범 너머의 무언가를 느끼는 존재들이다. 완벽하게 고정된 우주의 못을 뽑아서 다른 궤도로 시대를 바라보며 복잡한 현상을 끊임없이 다른 이해관계로 바라보고자 하는 태도가 인간 사회를 성장시켜왔다. 따라서 도덕 역시도 인간의 역사와 마찬가지로 진화해왔다고 바라보아야 할 것이다. 그리고 여전히 새로운 도덕과 가치가 만들어지고 있다.

아포리즘 37

자기 긍정과 위안

지금껏 인간의 유형을 향상시킨 것은 귀족 사회가 이룬 결과다. 그리고 앞으로도 쭉 그러할 것이다. 귀족 사회는 인간과 인간 사이에 서열과 의의 차이에는 단계가 있음을 믿고, 어떤 의미에서는 노예제도를 필요로 한다. 세습된 신분의 차이에서 지배 계급은 예속된 인간과 도구를 늘 감시하고 천시하며, 그들을 복종하고 명령하고 억압하고 격리하는 데 익숙해짐으로써 '거리의 파토스'가 생겨나는 것인데, 이것이 없었다면 보다 더 심각한 다른 의의가 있는 열정은 눈뜨지 못했을 것이다.

-『선악의 저편』, 고귀함이란 무엇인가

니체 철학에서 바라보면 초기의 귀족들은 스스로 사유하고 창조하고 행위를 하는 자기 긍정을 실천한 존재들이라고 본 반면 19세기 후반 그가 살고 있던 시대의

세습된 귀족 계급과 질서는 형식만 남은 특권층이라 보고 비판받아 마땅하다.

자신의 가치판단과 노력으로 성장한 것이 아닌, 이미 주어진 것 그대로의 권위에 안주하여 기존 질서를 지키는 데 급급한 자들이 이야기하는 도덕 또한 비판하였다. 여기에서 도덕이란 긍정의 가치를 내포하는 단어라기보다는 자신의 위치를 지키기 위한 수단으로서의 도덕이다. 즉 본질은 사라지고 형식만이 남아 금욕, 절제, 격식만을 강조하는 위선적인 도구였던 것이다.

진정 고귀한 자는 타자에게 선을 강요하지 않는다. 고귀한 존재는 그저 그 자체로 자기 자신이므로 자신과 타인을 어떤 수단을 통해 억지로 구분하지도 된다. 진정한 귀족이란 신분으로 주어진 이름이 아니라, 자신의 삶을 통해 영혼의 귀족으로 승화되기 때문이다. 따라서 오늘날 귀족이란 자연스럽게 타자로부터 존경을 얻는 존재들이다.

존경받을 만한 존재들은 특정 제도, 법, 가치에 지나치게 의존하지 않는다. 자기만의 기준을 만들고 그것을 통해 자연스럽게 세계와 호흡하는 것이다. 강하지만 조용한 인간, 즉 품격 있는 사람은 자신의 뛰어남을 과시하지 않고 무작정 옳음에 대하여 주장하지 않는다.

아포리즘 38

소크라테스와 해방

소크라테스 그 자신도 알고 있었던가? 모든 자기 기만자 중에서 가장 현명한 이 사나이는 그 사실을 정말 알고 있었을까? 자신이 현명하게 용기를 내 죽음을 받아들였을 때, 마침내 그 일에 대하여 스스로에게 말했을까? 소크라테스는 죽음을 바랐다. 그에게 독배를 마시게 한 것은 아테네가 아니라, 소크라테스 자신이었으며 고로 아테네는 그에게 독배를 주지 않을 수 없었다. 그는 조용히 자신에게 다음과 같이 말했다. "소크라테스는 의사가 아니다. 여기서는 죽음만이 의사일 뿐. 소크라테스는 오랫동안 병들어 있었을 뿐이다."

-『우상의 황혼』, 소크라테스의 문제

해방과 진리를 위해 삶을 부정하는 행위는 철학이 아니다. 니체는 소크라테스를 죽음으로 내몬 것은 아테네

의 악법이 아니라, 바로 소크라테스 자신이라고 보았다. 삶에 대한 본능과 감정을 배제하고 오직 이성과 합리성으로만 세상을 바라보고자 했던 자기기만이 그의 철학을 병들게 했기 때문이라는 것이다.

소크라테스의 죽음은 단지 그가 살아가던 시대의 철학적 고뇌와 죽음만을 연상시키지 않는다. 오늘날도 그와 같은 혼란이 여전히 휘몰아치고 있다. 삶을 이성으로 판단하고 살아가야 하는가, 혹은 자기 내면의 감정에 더 충실해야 하는가. 이와 같은 물음은 언제나 인간에게 철학적 주체로서 중대한 질문을 던진다.

그렇다면 과연 삶이 이성의 판단만으로 이해되지 않을 때, 그것은 과연 비극일까. 이성으로 인간의 생애를 완주해내기에는 우리 삶에 너무나도 많은 불합리성과 혼란이 있다. 때로 그러한 어둠을 지나야만 할 때 인간에게 그 시기를 버티도록 돕는 힘은 이성뿐만 아니라, 본능적 충동, 자극, 벌어진 일을 있는 그대로 받아들일 용기 같은 것이기도 하다.

모든 것을 이성으로 해명할 수 있다는 환상은 인간의 평범한 일상을 위태롭게 하는 요소로 작용하기도 함으로 자신의 욕망을 끌어안을 줄 아는 지극히 인간으로서의 생명력에도 기댈 수 있어야 건강한 존재로 거듭날 수 있다. 삶은 이성으로 판단하되 해석할 수 없는 현상 앞에서 매번 도피할 수도 없는 노릇이므로, 결국 자기답게 삶을 창조할 수 있다는 자신감을 만들어낼 수 있어야 한다. 그리고 그 자신감이란 모순과 불합리성을 끝내 이겨낸 창조자에게서 비롯된다. 내 삶의 진정한 주인이 될 때 우리는 고통 속에서도 사랑이 있었노라 말할 수 있을 것이다.

아포리즘 39

지혜는 어디에 있는가

나는 한 번에 모든 것을 알려고 하지 않는다. 지혜는 인식에도 그 한계를 둔다.

- 『우상의 황혼』, 잠언과 화살

지혜란 단순히 이성과 논리적 사고로 도달할 수 있는 영역이 아니다. 지혜란 결국 삶 그 자체의 역동적인 과정을 끌어안는 과정이므로 오랜 기간 지속되는 자신과 삶 사이의 끊임없는 교류일 뿐, 어떤 극치를 단번에 깨우치는 일과는 다르다. 지혜란 이성과 감정 두 가지 모두를 포함하는 더 넓은 의미의 세계로서 그 복잡성에 다가서기 위해서는 마찬가지로 자신의 존재와 그릇을 키우는 노력이 동반되어야 한다.

다른 말로 표현하면 지혜란 지식의 축적이 아니다. 경

험의 누적이 아니다. 지혜란 지식과 경험이 시련에 맞서며 내 자아를 자극하며 서서히 드러난다. 따라서 주어진 작은 경험 속에서도 그것을 얼마나 내면 깊은 곳까지 가지고 들어갔는가 하는 질문이 삶을 이해하는 능력으로 발현된다. 그렇게 지혜는 무수히 반복되며 나와 함께 자란다. 고로 나라는 인간의 존재 의의와 그가 바라보는 세상의 가치는 함께 성장하는 것이다.

아포리즘 40

불완전한 인간

성급한 실수는 단지 한 번으로 끝나지 않는다. 맨 처음 실수를 저지른 사람은 언제나 지나치게 많은 일을 하고 있다. 그리고 바로 그 때문에 사람들은 또 다른 실수를 한다. 그리고 이번에는 너무나도 조심스럽게 행동하게 된다.

- 『우상의 황혼』, 잠언과 화살

 살아가며 단 한 번도 실수하지 않는 인간은 없다. 인간은 그 자체로 불완전하기 때문이다. 그것이 인간의 숙명이다. 실수를 하지 않는 것이 아니라, 그 불가피함을 어떻게 보완할 것인지가 인간의 가치를 결정한다. 처음에 초래한 자잘한 실수들은 자기 발전의 과제로 삼고 창조적 과정으로 가는 원동력으로 삼을 수 있어야 한다. 그러지 않으면 자신을 극복할 계기를 잃고 계속해서 겁을 먹고 틀에 갇히게 된다.

다만 실수를 바라봄에 있어 모든 것을 너무 급하게 진행하는 것은 피해야 한다. 그것은 내적 성찰의 기회를 빼앗아갈 뿐만 아니라, 실수로부터 우리를 성장시켜줄 시간도 앗아간다. 따라서 모든 인간은 어렸을 때부터 적절한 시간을 소요하고 주어진 시간 동안 깊이 있게 사안을 다루는 연습이 필요하다. 빠른 결론이 정답이 아님을 알고 알맞게 자신을 돌아보는 행위는 실수가 아니라 배움이다.

아포리즘 41

적당히 부드러운 도덕

내가 그때 다룬 것은 무섭고 위험한 것이었다. 황소처럼 날카로운 뿔이 달린 문제였으며 새로운 문제였다. 오늘날의 관점에서 말하자면 그것은 과학 자체의 문제였다. 처음으로 과학을 문제이자 의문스러운 것으로 파악한 것이다.

─『비극의 탄생』, 자기비판의 시도

모든 것에 이유와 의미가 있다고 생각하며 지나치게 설명적으로 접근하게 되면 삶 그 자체에 본질적인 고통에 대해 헤아리기 어려워진다. 기본적으로 인간의 생애는 다양한 통증을 수반하기 마련이다. 그 모든 아픔에 대해 일일이 이유와 원인을 분석하기에는 사회는 너무 복잡하며 때로는 그저 우연한 사건에 불과한 경우들도 존재하기 마련이다. 과학적인 견해와 태도는 하나의 사안을 합리적으로 바라보는 것을 기본적인 전제 조건으로 한다. 그러나 삶이 늘 합리적일 수만은 없으므로 그러한 간극에서 오는 모순과 운명을 과학만으로는 감내하지 못하는 것이다.

오늘날 일상의 부드러움이 사라지고 조금씩 예민해져 가는 사회의 모습을 느끼고 있노라면 지나치게 분석적인 태도, 합리성에 대한 매몰, 모든 것을 해결할 수 있다고 보는 착각 같은 것이 인간의 정신을 얽매고 있음을 느낀다. 기본적으로 삶은 애착을 통해 아름다워진다. 그 원인의 분명하고 합리적인 이해가 아니라, 어렴풋해도 마음 깊이 느껴지는 설명하지 못할 아름다움으로 인생은 승화되는 것이다. 고통을 끌어안고 삶을 찬미할 수 있는 비결은 과학으로도 설명하지 못하는 부분 속에 있다.

아포리즘 42

꿈과 현실

꿈의 세계의 아름다운 모습은 모든 조형 예술의 전제 조건이며, 우리가 앞으로 살펴볼 시의 중요한 부분을 차지한다. 이 꿈의 세계에서 모든 사람은 완벽한 예술가이다. 우리는 형태를 직접적으로 받아들임으로써 기쁨을 느낀다. 모든 형태가 우리에게 말을 걸고 결코 무관하거나 불필요한 것은 없다.

- 『비극의 탄생』, 비극의 탄생

꿈은 종종 현실보다 조화롭고 밝기 때문에 그 이상적인 이미지로 인해 현실의 고통을 가려주는 역할을 하기도 한다. 때때로 인간은 삶의 어찌할 수 없는 고통으로 인해 발버둥 치게 된다. 그때 우리를 견딜 수 있게 해주는 것이 바로 예술인 것이다. 예술은 메타포이며 정서적 위안이다. 그것은 곧 우리가 각자의 삶을 지지해주는 하나의 방식인 셈이다.

그러나 꿈만으로 인간은 살아갈 수 없다. 그것이 제대로 기능하기 위해선 꿈의 미학적인 아름다움과 인간의 무질서한 정신과 고통에 질서를 부여할 수 있는 조화가 필요하다. 자신의 꿈을 일상과 조화롭게 혼합하는 존재는 그 꿈과 현실 사이를 구조화하고 다가설 수 있도록 연결하는 힘을 얻는다.

그러기 위해서 환상을 부수고 현실을 정면으로 바라볼 용기가 있어야 한다. 진정한 꿈은 용기 있는 자의 몫이기 때문이다. 그다음의 단계는 몰입이다. 그 현실을 긍정하며 살아가기 위한 자기만의 방식을 탐구하고 몰두해야 한다. 니체의 '운명애'란 즉 자기 현실을 꿈과 이어주기 위한 삶에 대한 깊은 애착관계와도 같다. 그리고 마지막으로 그 현실을 보다 나은 단계로 초월하는 것이다. 꿈은 종착지가 아니라 하나의 통이며 이정표다. 하나의 꿈을 이룬다고 세상은 영영 아름다운 곳으로 고정되지 않으므로, 이와 같은 과정을 반복하며 할 수 있다는 믿음을 가슴 깊이 심어놓는 것이 중요하다.

아포리즘 43

타인의 시선과 허영

허영심이 있는 인간은 그것이 유익하든 그렇지 않든, 심지어는 사실과 무관할지라도 자기에 대한 어떠한 호평이라도 기뻐한다. 또한 모든 악평이라도 괴로워한다. 왜냐하면 그는 이 두 평가에 얽매여 있으며 자신의 마음속에서 머리를 처들고 나오는 가장 오래된 복종의 본능에 의해 지배되고 있음을 느끼기 때문이다. 이 본능이란 허영에 찬 인간의 피 속에 숨은 노예와 같다.

- 『선악을 넘어서』, 고귀함이란 무엇인가

타인의 시선에 과도하게 매달리는 자는 허영심에 사로잡힌 자만한 존재다. 타자의 생각과 견해에 지나친 추구는 자기중심을 잃게 만들고 그것이 실로 스스로에 대한 칭찬일지라도 인간을 자만하게 하여 좋지 않은 결과

로 이끈다. 외부로부터 인정받고자 하는 욕구도 적절히 이용할 수 있을 때 인간에게 훌륭한 도구가 되는 것이지, 그것 자체가 목적이 되는 순간 인간은 자신을 잃을 위기에 처하는 것이다. 끝내 자기 자신이 되지 못해 삶 주변을 피상적으로 떠도는 사람은 진정한 사랑을 만끽하지 못하는 우울한 운명을 마주하고 만다. 인생은 타자의 선이 닿는 표면에 국한된 것이 아니다. 그보다 더 깊은 영역 외부가 아니라 더 내면으로 깊이 파고들며 그 안에 있는 수많은 자신과 교감하며 마침내 개인의 고유한 힘을 끌어안는 것이 가장 중요하다.

아포리즘 44

나를 사랑하고자 한다면

예술이 존재하기 위해서는 어떤 심미적인 행위와 통찰이 있어야 하고 그러려면 하나의 생리학적 선행 조건이 반드시 필요하다. '도취'가 바로 그것이다. 도취를 통해 우선 모든 기계의 흥분을 상승시켜야 한다. 그렇지 않고는 예술이 이루어지지 않는다. 다양한 모습의 모든 도취가 그러한 힘을 지니고 있다.

- 『우상의 황혼』, 어느 반시대적 인간의 편력

삶을 예술적 차원으로 승화시키기 위해선 자기 삶에 도취되어야 한다. 도취란 정신과 신체의 에너지가 충만하여 그것을 자기 삶에 집중하고 있는 상태와 경험이다. 그것은 음주나 약물에 의지하여 정신이 착란한 상태와는 전혀 다르다. 힘의 고양된 상태가 나를 더 나은 무엇을 하게끔 이끌고, 그 힘이 외부로 흘러나가 나의 주변까지 긍정적인 영향을 끼치게 된다. 그러다 보면 나를 둘러싼 현실의 경계는 어느새 무너지고 세상이 온통 나를 응원하는 것 같은 기분을 느끼게 되기도 하는데, 그것이 바로 자기 긍정의 극치라고 할 수 있다. 삶을 있는 그대로 살아가되 고통마저 하나의 예술로 승격시킬 정도로 자기 삶과 운명을 용기 있게 안아줄 수 있는 존재로서 자리매김하는 것이다.

도취는 무조건적인 긍정이 아니라, 몰입하여 경계를 허무는 것이다. 즉 이 고통이 영원하지 않다는 것을 스스로에게 잘 이해시키는 대화이며, 가장 강력한 자기 설득의 매개체인 셈이다. 제 삶에 심취한 인간은 창조적인 힘을 지닌다. 그 디오니소스적 충동이 지닌 힘은 무궁무진하다.

아포리즘 45

내면의 깊이에 대해 말하다

내 바다의 바닥은 고요하다. 과연 누가 그곳에 우스꽝스러운 괴물을 숨기고 있다고 알 수 있겠는가! 나의 깊이는 움직이지 않는다. 하지만 그것은 헤엄치는 수수께끼와 미소로 반짝인다. 오늘 나는 한 숭고한 자를 보았다. 엄숙한 존재, 자기반성에 빠진 자. 아 그 추함을 보고 내 영혼은 얼마나 웃었던가! 가슴을 들고, 숨을 들이마시는 자들처럼 그렇게 그는 서 있었다. 숭고한 자가 침묵 속에 서 있었다.

- 『차라투스트라는 이렇게 말했다』, 숭고한 자들

겉모습으로 보기에 진지하고 침울한 자들의 태도는 진정한 의미로서 '깊이'라고 볼 수 있다. 그 비극과 고통에 잠식된 자들은 허영에 빠진 존재들일 뿐이다. 참된 깊이란 소란하지 않고 흔들리지 않는 고요함이다. 오히려 그 고요함에는 여유와 배려가 있다. 솟아오르는 내면의 힘이 있으니, 구태여 소란할 이유가 없는 것이다.

자신의 상황을 지나치게 과장하거나 비난하거나 모든 것에 비판적인 자들은 그 깊이의 통찰력을 제대로 헤아리지 못한 자들일 뿐이다. 고요하지만 맑게 빛나는 자들이야말로 깊이 있게 존재하는 자다. 조용히 자신의 삶을 살아가고자 하는 이들은 그렇게 성숙하면서도 해맑다.

아포리즘 46

무수한 반복 속의 나

어느 날 하루 중에 악마가 가장 깊은 고독에 잠겨 있는 너의 뒤로 다가와 다음과 같이 말한다면 그대는 어떻게 하겠는가? '너는 네가 현재 살고 있고 지금까지 살아온 생을 다시 한번, 나아가 수없이 되풀이되는 삶을 살아야만 한다. 거기에 무엇 하나 새로운 것은 없으며, 모든 고통, 모든 쾌락, 모든 생각과 탄식, 네 삶에 이루 말할 수 없이 크고 작은 온갖 것이 다시금 되풀이된다. 게다가 그 모든 것은 전부 똑같은 순서와 맥락으로 되돌아올 것이다.'

-『즐거운 학문』, 가장 무거운 짐

니체의 사상에서 '영원회귀'라는 개념은 중요하다. 오늘의 삶이 무수히 반복되더라도 당신은 감히 '그래도 좋다.'라고 대답할 수 있겠는가? 영원회귀는 바로 그러한

질문이다. 그 질문은 단순히 같은 시간의 반복을 뜻하지 않는다. 지금의 삶이 아닌, '완전히 다른 삶이라면 당신은 행복하리라고 확신할 수 있겠는가?'에 대한 반증이라고도 볼 수 있다.

완전히 같다고 하여 우리가 같은 삶을 지향하고 있을까? 모든 일의 순서가 똑같이 일어난다고 해도 그 내면의 의미까지 완전히 동일하게 반복하고 말 것인가? 삶을 긍정한다는 것은 절대적으로 같은 시간의 흐름 속에서도 지금 보다 더 나은 무언가를 발견할 수 있다는 의지와도 같다. 몰입의 순간을 경험하면 그 순간이 기존과 다르게 읽히는 것을 알 수 있다. 즉 내가 알고자 하고 더 깊은 내면으로 다가서는 시점에서 하나의 현상이 비록 똑같다고 할지라도 그것의 의미가 실제 나에게는 다른 방식으로 느껴질 수 있다는 뜻이다.

내가 알지 못하고 깨닫지 못하고 인식하지 못했던 무언가는 언제나 삶 곳곳에 속해 있다. 영원한 반복 속에서도 삶의 이치에 대한 깨달음이 있다면 그 초인의 긍정은 늘 새롭고 설레는 일로 다가설 것이다. 그렇다고 해도 후회가 남지 않을까? 니체는 계속하여 질문한다. 그 질문을 따라가다 보면 이 현실이 이미 내게 주어진 오늘이 무수히 반복되어도 유일한 시간임을 깨달을 수 있을 것이다. 그만큼이나 소중한 시간을 우리는 살아가고 있다.

아포리즘 47

질문과 질서

인간의 행복을 위해 평가와 심사를 거쳐 선택된 이런 상태나 사물의 가치는 안전하고 확실한 것으로 여겨지며 예술가들의 목적이 된다. 예술가들은 항상 그러한 대상들을 발견하고 그 것을 예술의 영역 속으로 끌어들이려 준비하고 있다. 다시 말하면 그들이 그 자체로 행복이나 행복한 이의 가치 심사자는 아니라는 뜻이다. 차라리 늘 최대의 호기심으로 이러한 평가를 이용하려는 욕망을 지닌 채로 그러한 심사자들 곁으로 몰려드는 존재들이라고 할 수 있다.

-『즐거운 학문』, 선과 미

가치는 창조하는 것이다. 행복과 가치는 모두에게 절대적으로 고정되어 있지 않다. 심지어 지금 내가 가치 있다고 믿는 것에 관하여서도 그것이 사회적인 기준으로 만들어진 환상이나 우상은 아닌지 의심해볼 필요가 있다. 그러한 시도는 늘 도전적이며 불안을 불러올지도 모른다. 때로는 기존 사회가 주장하는 가치에 기대어 안락함을 누리고자 하는 욕구에 사로잡힐 수도 있겠다. 물론 그러한 순간 전체가 완전히 부정적이라고 표현할 수는 없을 것이다. 그러나 그 가치가 진정 나의 주관과 가치관에 부합하는 것인지에 대해서는 주기적으로 물음을 건네야 한다.

삶을 예술로 승화시키기 위해서는 이처럼 기존의 질서를 다르게 해석해보는 과정이 필수적으로 요구된다. 때로는 과감히 내려놓고 진짜 내 가치를 찾아 나서야 하며, 오랜 기간 누적된 나에 대한 평가조차도 새로운 기준으로 다시 쓸 용기를 지녀야 한다. 진짜 내 행복에 대한 맑은 호기심, 바로 그것이 내 삶의 철학에 대한 근거를 부여한다.

아포리즘 48

초인의 일탈

나는 인간이 아니다. 나는 다이너마이트이다.

-『이 사람을 보라』, 왜 나는 하나의 운명인가

가끔 사람들은 스스로가 가엾고 하찮은 존재로서 인식하며 좌절한다. 그러나 내 인생을 사랑하기 위해서는 기존 질서에 억눌린 그 기분, 슬픔, 우울감에 대하여 철학적 전복을 꾀하는 순간이 필요하다.

그것은 실제 다이너마이트처럼 물질을 파괴하는 폭력으로 발휘되는 것이 아니라, 내면의 소리 없는 폭발이다. 나는 진실로 나를 위해서 살아가고 있는가? 그 질문으로 벽을 허무는 행위가 바로 그것이다.

그 과정에서 두려움이란 자연스러운 것이다. 그럴 때마다 내 감정에 대해 상세히 기록하고 스스로 그 내용을 확인하는 행위는 중요하다. 내가 느끼는 지금의 이 위기감의 원인을 알고 그것을 전복시킬 것인가, 혹은 긍정할 것인가에 대한 실존적 결정을 추구해야 한다.

삶을 살아가다 보면 누구나 주변을 깜짝 놀라게 하는 선택을 하게 되는 때가 있는데, 실은 자기 내면의 답이 정확하다면 사회적 시선의 놀라움에 대해서는 구태여 대꾸할 필요가 없는 것이다. 인생이라는 긴 경험에 비추어보아, 회사를 그만두는 것, 사랑과 이별하는 것, 거처를 옮기는 것, 새로움을 추구하는 것. 그 모든 행위는 다 나를 사랑하기 위한 시도들일 뿐 비판의 대상이 되지 않는다.

기존 가치 위에 나라는 깃발을 꽂고 삶의 의미를 되새겨보자. 그것이 바로 초인의 일탈이다.

아포리즘 49

자기 극복에 대하여

고귀한 인간이 가장 이해하기 어려운 것은 허영심일 것이다. 반대로 다른 부류의 인간이라면 분명 허영심에 사로잡혔다고 생각될 때도 그는 여전히 부정하고 싶어질 것이다. 허영심을 이해하기 위해서는 그는 다음과 같은 일을 해내야 한다. 자신은 가지고 있지도 않은, 심지어 그럴만한 자격도 없는 자신에 대한 호평을 불러일으켜 노력해야 하고, 더구나 추후 그 호평을 믿어버리는 인간이 되어버리는 것이다.

- 『선악을 넘어서』, 고귀함이란 무엇인가

자기 자신을 사랑하지 못하고 타자에 의해 사랑받는 자신에만 의존하는 것은 가엾다. 주변의 환심을 사는 것 그 자체가 잘못된 것은 아니지만, 판단의 근거와 기준이 내면에서 외부로 멀어진다는 것은 주의해야 할 점이다.

칭찬에 지나치게 의존하는 자들은 비판을 견디지 못한다. 그러다 보면 타인의 인정에 대한 갈구 이외에 그 자신이 객관적으로 스스로를 돌아볼 기회를 잃는다.

이와 같은 허영심은 일종의 자기 인생에 대한 무책임함으로 번질 위험이 있다. 따라서 '누군가로부터 인정, 사랑받고 싶다'가 아니라 '스스로 인정하고 사랑할 수 있다'로 나아가기 위해서는 꾸준한 내면의 연습과 자기 극복의 행동이 동반되어야 할 것이다.

자신으로부터 기준을 세우는 방법이란 우선 기존의 질서, 타자의 기준에 대한 의구심을 지니는 것으로 시작된다. 그것은 달리 말하면 자기 삶에 대해 스스로 관심을 지닌다고도 표현할 수 있다. 그렇게 점차 비판적인 사고를 확장하고 그다음으로 해야 할 것은 기존 이미지를 깨뜨리는 것이다. 지금까지 나를 이루던 타자의 평가, 기준, 표현 같은 것들을 의심해야 한다. 나는 정말 그러한 인간인가? 이런 질문을 스스로에게 던지고 그것에 대한 답을 찾는 것이다. 그리고 마지막으로 다시 한번 나에게 기회를 주는 것이다. 자기만의 기준을 확립할 기회. 언제라도 비슷한 상황은 벌어질 수 있다.

예를 들어 직장인이라면 내 업무 능력에 대한 타자의

평가나 기준, 학생이라면 내 탐구 영역에 대한 타자의 생각 같은 것들이 나를 흔들어놓을 때, 이번에는 그 외부의 압력에 의해 굴복하지 않기 위해 노력해 보는 것이다. 타자의 판단을 비판적으로 해석해보고, 그것이 정말로 나에게 적용되는 조언인지 아닌지 검토해본다. 그리고 최종적으로 판단한 결과에 미루어보아 스스로가 창조한 규칙으로 그다음 행동을 결정한다. 허영심을 극복하고 끝내는 자기 자신마저 극복하는 방법은 이러한 과정의 꾸준한 이행으로부터 출발한다.

아포리즘 50

존재의 숙명

나는 마지막 관점을 강조하려 한다. 밑줄을 그은 시구가 그 계기를 제공한다. 디오니소스적 과업에는 망치의 단단함이나 파괴에서 느끼는 쾌락이 결정적 전제 조건이다. 단단해져라! 그 명령은 모든 창조자가 단단함에 대하여 기본적인 확신을 가진다는 의미다. 이것이야말로 디오니소스적인 천성의 증표다.

　　-『이 사람을 보라』, 차라투스트라는 이렇게 말했다

　가슴속에 각자 자기 발견을 위한 도구를 하나쯤 지니고 있어야 한다. 차라투스트라에게 그것은 단단한 망치였으나, 또 다른 이에게는 연필 한 자루일 수도 있으며, 안경, 책, 사다리, 신발과 깃대일 수도 있다. 새로운 가치를 발견하고 확립하기 위한 중요한 전제조건은 삶에 있어 단순한 파괴자가 되는 것이 아니라, 부수고 재정립할 수 있는 꾸준한 시도들이다. 수많은 거짓된 우상, 고통, 진실과 자기다움을 가리는 장애물들을 허물고 부수어 다시 조율하고 연결해야 한다.

그것은 자신을 사랑하고자 하는 모든 존재의 숙명이다. 그 예리한 판단, 단단한 정신, 두려움 없는 도전들이 우리를 고유함으로 이끈다. 때로 그 과정은 너무 외롭고 서운하기만 하게 다가오기도 할 것이다. 그러나 고요한 그 길을 계속 나아가다 보면, 가장 어두운 새벽의 어둠을 지나 거대한 철학자의 빛과 온화한 미소가 우리를 맞이해줄 것이다.

모든 불확실하고 모순된 현실 속에서 억압된 나를 자유로 이끄는 존재는 오직 '나'이다. 그것은 누구도 대신할 수 없는 일이다. 외부의 판단, 생각, 표현들에 휘둘리지 않고 스스로 길을 개척하고자 하면 어느새 기존 질서 속에서의 성공, 명예와 같은 것들은 사라지고 그저 나의 행복, 아름다움, 숭고함만이 내 곁에 남아 삶을 지지하고 지켜줄 것이다. 오늘의 나를 기억하고 안아주며 계속 나아가자. 우리는 모두 자기 자신에게 가장 고마운 존재들이다.

아포리즘 51

되돌아본다는 것

시인들은 인간이 지닌 현실의 짐을 덜어주려고 애쓰며, 비참한 오늘에서 시선을 돌려 과거를 돌아보게끔 돕는다. 과거로부터 오는 빛으로 인해 현재는 새로운 색채를 띤다. 이러한 관점을 배우기 위하여 시인들은 다양하게 역행하는 자세를 지녀야 한다.

- 『인간적인 너무나 인간적인』, 예술가와 저술가의 영혼에서

인생의 지금은 내가 지닌 관점에 따라 바뀔 수 있다. 즉 오늘 내 현실이 어디에 있든 내 마음이 무엇을 바라보는지가 자신의 태도를 결정한다. 현재란 늘 독립적이지 않기 때문에 나의 경험, 인식, 관습과 같은 것과 연결되어 있다. 인간은 그러한 자신의 과거와 현재를 비교하고 특정한 시점으로부터 지금을 바라봄으로써 삶을 창

조적으로 바라보고 대응할 수 있다. 예술이란 바로 그러한 창조성을 위해 존재하는 것이다. 모든 인간에겐 자신이 쌓아온 과거가 있기 때문에 마찬가지로 모든 인간은 예술적 영혼을 지니고 있다고 볼 수 있다.

현재는 의미의 해석과 관점의 전환을 통해 끊임없이 재생산되며 새롭게 인식된다. 따라서 현재는 늘 다채롭게 빛나며 여러 가지 가능성을 지닌 채로 흘러간다. 흔히 사람들이 현실의 어떤 벽에 부딪히거나 지쳐 길을 잃을 때, 자신이 써내려 온 지금까지의 일기장을 되돌아보거나 과거의 사진, 기억을 통해 새로운 통찰과 기댈 곳을 찾는 것도 같은 맥락이라고 할 수 있다. 그것은 표현적으로 볼 때 현실을 역행하는 일로 비칠 수도 있으나, 실은 언제든 새롭게 오늘을 시작할 수 있음을 깨닫기 위한 사람들 각자의 창조적 노력과 같다.

아포리즘 52

완전한 것은 생성될 수 없다

무엇에 의해 운율은 아름답게 장식되는가. 운율은 현실 위에 베일을 덮는다. 그것은 다소 애매하고 불확실하다. 운율은 사상 위에서 어두운 그림자에 의해 은폐되거나 오히려 돋보이기도 한다. 무언가를 아름답게 꾸미기 위해서는 그림자가 필요하듯, 아름다움을 위해서는 분명하게 모호함이 필요하다고 말할 수 있다. 예술은 현실에 그러한 그림자를 씌우고 삶을 모호하게 만들어 그 광경을 제법 바라볼만한 것으로 만든다.

-『인간적인 너무나 인간적인』, 예술가와 저술가의 영혼에서

일상과 일, 심지어는 예술에 대해서도 완전한 앎이 아니라 약간의 모호함이 그 진짜 가치를 불러온다. 일상이란 어찌 보면 반복적이고 지루한 시간의 연속과도 같다. 인간은 내가 속한 시간이 지극히 가혹하다고 여기며 이

순간을 원망스럽게 생각할 때도 있다. 더 이상 버티는 것을 지속할 수 없어 포기해야만 한다고 자책할 때, 사람은 자신이 완전히 실패했다고 생각할지도 모른다. 그러나 인생의 성공과 실패 모든 것에 완전함이란 없다는 것을 어떤 방식으로든 자신에게 관철시킬 수 있다면, 어려운 순간 속에서도 희망을 발견할 수 있을 것이다.

인간에게 희망을 안겨주는 것은 문제를 해결할 수 있다는 확신이 아니다. 희망이란 이 어려움을 약간만 비틀어 내가 집중할 수 있는 곳을 찾을 수 있느냐에 달렸다. 그것은 모호한 것이다. 확신과는 조금 다른 자기 믿음과 더 가깝다. 나를 믿는 근거는 내 완벽함 때문이 아니다. 그것은 내가 자신을 사랑하기 때문에 가능한 것이다. 따라서 어려운 순간이 찾아올 때마다 우리에게 살아갈 의미와 힘을 주는 것은 내가 더 지극히 아끼고 아름답게 여길 수 있는 것에 대한 집중임을 기억할 수 있어야 한다.

완벽함에 대한 갈망으로 인해 도리어 희망과 고통이 복잡하게 혼재하여 우리 처지를 덧없게 만들 수도 있으므로, 때로는 그 완벽이 아니라 아주 단순한 행복, 집중, 행위들에서 힘을 발견해보고자 애써보는 것도 좋을 것이다. 고단한데도 불구하고 버텨낸 오늘들은 힘든 시간을 제법 견딜만한 순간으로 변모해주기도 하고, 인생을 가치 있는 과정으로 이해할 수 있게끔 돕는다.

집중이란 완벽에 대한 갈증을 잠시 내려놓는 행위이며 어떤 모호함 속에서 가능성과 즐거움을 발견해내는 과정이다. 확실하지 않을수록 불필요한 것들을 내려놓는 행위를 통해 인간은 자신을 누르는 무거운 압박으로부터 약간씩 자유로울 수도 있다. 세상에 완전한 행복, 완전한 자유라는 것이 과연 존재할까, 복잡할 때마다 그 모호함을 인정하는 것은 불완전한 인생에 우리가 스스로에게 선사할 수 있는 고마운 자비라고도 볼 수 있다.

아포리즘 53

자아를 지닌다

누군가 강한 성격을 지녔다고 보이는 것은 그가 자신의 원리를 좇고 있기 때문이 아니라, 자신의 기질을 좇고 있기 때문인 경우가 많다.

- 『인간적인 너무나 인간적인』, 혼자 있는 사람

내 기질을 잘 이해하면 자아는 절로 단단해진다. 니체의 철학에서 원리란 기존 세계의 질서, 원칙을 의미한다. 고로 원리란 기존 세계가 나를 규정하는 방식인 것이고, 기질이란 나의 타고난 열정과 정서적 경향인 셈이다.

오늘날 세계는 갈수록 다변화되고 개인적인 성향으로 변해가고 있다. 더 이상 기존의 규범이 나의 행복을 보장할 수 없는 시대를 살아가고 있다. 누구나 자기 행복을 가장 중요시하는 시대에서 전통의 관점만으로 내 행복을 지켜내기란 어려운 법이다.

 내 자아를 단단하게 만들기 위해서는 스스로를 이해하고 자신의 기질을 탐구하는 자세가 선행되어야만 한다. 시대의 흐름이 시간을 쪼개고 어떻게든 더 많은 노력, 탐구, 학습을 통해 자신을 개발해 나가는 부지런함을 강조한다고 하더라도 내 기질이 타고난 여유로움과 장기적 도전의 관점에서 조금씩 나아가는 것이라면 나에게 맞지 않는 방식으로 자신을 갈고닦더라도 성장은 더디고 불편하기만 할 것이기 때문이다.

아포리즘 54

폭포와 같이 거대하게 흐른다

폭포수가 떨어지는 장면을 보면 그것은 마치 천천히 이어지는 모습처럼 보인다. 마찬가지로 위대한 행동가는 자신의 행동에 뜨거운 갈망을 더욱 침착하고 자연스러운 움직임으로 이어간다.

— 『인간적인 너무나 인간적인』, 혼자 있는 사람

거대한 물줄기는 어지럽고 요란하게 흐르지 않는다. 도리어 작은 개울과 옅은 시냇물이 자주 범람하고 요란하게 자신을 과시하는 법이다. 스스로의 방향을 알고 그 깊이를 헤아리면 억지로 자기를 과장할 이유가 없는 것이다. 마찬가지로 무언가를 증명하고자 으스대는 것, 자신의 원칙을 타자에게 강요하는 것은 자신에 대한 불안함을 숨길 수 없는 마음의 소란함에 불과하다. 내면의 충만함이 탄탄하게 자신의 기반을 이루고 있다면 그는 겉으로 조용해 보여도 튼실하고 곧게 나아간다.

이러한 니체의 자기 충만함에 대한 인식은 『차라투스트라는 이렇게 말했다』에서 등장하는 '위대한 정오'와도 연결된다. 외부의 힘, 전통의 방식에 구애받지 않고 스스로의 에너지로 자기 삶을 긍정할 수 있을 때, 인간은 외부 기준에 연루되지 않고 오직 자기 자신으로서 충분한 힘을 발산한다. 그것이 바로 정오의 햇살이 전해주는 고요하지만 위대하게 밝은 에너지와 닮아 있다는 것이다.

위대한 인간일수록 그 자신의 삶은 영락없이 고요하기만 하다. 그것이 건강한 삶이며 창조적인 힘이 만들어 내는 평온함인 셈이다.

아포리즘 55

자기 관찰

인간이란 스스로에 대한 탐구와 공격에 대해 매우 민감하게 반응한다. 일반적으로 인간은 자신의 바깥에 있는 것을 자세히 그리고 정확히 알지 못한다. 진짜 요새는 친구와 적이 배신자 역할을 한 채 자신을 비밀스러운 곳으로 애써 데려가지 않는 한 보이지도 않고 확인할 길도 없는 것이다.

- 『인간적인 너무나 인간적인』, 혼자 있는 사람

사람은 자신의 비밀을 쉽게 말하지 않는다. 비밀이란 일반적인 의미의 정보가 아니다. 그것은 한 사람이 지켜내고자 하는 통찰, 근원, 기질, 상처와 깊이 관련되어 있기 때문이다. 어쩌면 인간이 가진 비밀이란 그들의 고유함이다. 니체는 그 비밀스러움을 고독으로 풀어내고 있다. 니체는 혼자 있는 사람을 고독한 존재로 읽어내지만,

어딘가에 유배되어 외로움에 지쳐 있는 상태가 아니라, 자신의 고유함을 견지해내며 자기 판단의 기준과 힘을 길러내고 있는 상태로 이해하고자 한다.

인간이란 겉으로는 쉽게 드러나지 않는 충동과 기질을 내면에 감싸고 있다. 그 때문에 우리는 한 인간을 이해할 때 그 껍데기가 아니라 내면의 뿌리와 씨앗 같은 것들도 함께 고려해야만 한다. 타인의 내면으로 다가서는 것은 자신의 내면에 깊이 당도하는 일만큼이나 부단한 노력이 필요한 일이기에 한 인간에게 진정 가까이 다가서는 것은 실로 대단한 업적이라고도 표현할 수 있다.

관계란 서로의 비밀스러움에 가까워지는 것이며, 그것을 조금 더 면밀히 알수록 자신의 비밀도 함께 드러내는 일이다. 고로 자신의 고독을 이해할 수 있는 자만이 타자의 마음도 헤아릴 수 있다. 위선 너머의 내면을 꿰뚫어 보고자 한다면 겉으로 드러나는 연결이 아니라, 자기 스스로 고독을 당당히 마주하며 타인의 진실을 있는 그대로 대면할 용기가 필요하다.

아포리즘 56

우정의 저울

나와 다른 사람과의 관계를 저울로 비유해볼 때, 아주 약간의 부당함을 내 저울에 올려놓으면 그 우정은 올바른 균형으로 유지된다.

-『인간적인 너무나 인간적인』, 교제하는 인간

 우정에 있어서 혹은 관계에 있어서 마음의 쓰임과 올바름을 정확한 비율로 산정할 수는 없다. 관계의 핵심은 계산적으로 딱 잘라 정의할 수 없다는 데 있기 때문이다. 완벽한 균형이 존재할 수 없으니 언제나 산술적인 주고받음으로 성립할 수가 없다. 즉 누군가는 그 관계 속에서 작은 불편을 지닐 수도 있는 것이다. 따라서 관계의 지속 가능성이란 이 약간의 불합리함에 대해 나 스스로 어떻게 인식하느냐에 달렸다.

스스로 조금의 손해를 보는 것에 관하여 대단히 불편하고 속상하다면 그 관계가 내 삶의 근본적인 성장과 충만함에도 영향을 끼치는 것인지 고려해보아야 한다. 내 삶에 대한 창조적 의지에 해를 입힐 정도의 영향이라면 그 관계는 일종의 수동적이고 일방적인 구조로 갇힌 것에 불과하므로 벗어나거나 끊어낼 필요가 있는 셈이다.

약간의 불평등함은 자연의 이치와도 같아서 그것은 때에 따라 여러 방향으로 흐른다. 그러나 한 방향으로만 흐르는 것은 이내 썩은 웅덩이의 물과도 같이 변질될 수 있기 때문에 관용과 미덕으로 수용할 수 있는 불편함과 완전히 고립되어 갇힌 관계를 잘 구분할 수 있어야 한다.

아포리즘 57

정신적 명랑함

우리는 새로운 목적을 가지고 있기에 그 목적을 위한 새로운 수단도 필요로 한다. 지금까지 있었던 그 어떤 것보다도 더 새롭고, 강하고, 예리하고, 단단하며, 대담하고, 보다 즐거운 건강함이 필요하다. 이를테면 지금까지 이 세상에 존재했던 모든 가치와 목표들을 자신의 영혼으로 느끼고 싶어 하는 자, 이상적인 지중해의 모든 해안을 항해하고 싶어 하는 사람, 깊은 내면의 경험을 통해 이상향의 발견을 추구하는 사람, 예술가, 성인, 입법자, 현학자, 학자, 경건한 자, 그리고 옛날의 신성한 은둔자가 되는 것이 어떤 것인지 알고 싶어 하는 자, 그런 모든 사람에게는 무엇보다도 위대한 건강함이 필요하다.

　　-『이 사람을 보라』, 차라투스트라는 이렇게 말했다

오늘날 인간의 성장에 필요한 것은 정신적 명랑함이

고 건강함이다. 즉 이제 인간은 질병에서 벗어나고 육체의 건강함을 유지하는 것만이 인간의 목적이 아니라, 대담하며 즐겁게 이 삶을 사랑할 수 있는 정신적 건강함을 지켜내고 길러가는 것이 더욱 중요한 사안으로 여겨지는 시대를 살아가고 있다.

사람들은 이제 서로의 다양함이 있다는 것을 익히 잘 알고 있다. 따라서 수많은 정보와 문화와 연결 방법이 복잡하게 뒤엉킨 시대의 흐름 속에서 그 다름과 차이의 홍수를 내가 어떻게 이해하고 나 자신의 고유함도 지켜낼 수 있는지 계속하여 고민해야만 한다. 과거의 성인은 자기의 이상을 스스로에게 이해시키고 자신에게 관철하며 자기 철학을 자신의 삶으로 승화시킨 존재들이다.

그들의 정신적 항해는 거대한 바다를 넘어서도 전해졌으며 그 태도와 삶의 방향을 따라 함께하고자 하는 이들도 종종 생겨나 한 명의 생애가 하나의 거대한 문화의 흐름으로 번지기도 했다. 그러나 오늘날의 시대는 어떠한가. 점진적인 반복과 긴 호흡으로 자기 삶을 실현하는 것보다는 오늘의 바람이 내일과 다르고, 오늘의 확신이 내일의 불신으로 변질되는 시대를 목격하고 있지는 않은가.

니체가 말한 초인은 그야말로 자기 철학을 가지고 스스로 삶을 열어젖힐 줄 아는 자를 뜻한다. 진정한 자기 초월이란 타인을 굴복시키는 것이 아니라, 자신을 극복하는 것이며 영원회귀의 긍정으로 여러 번의 삶을 불어온다 해도 그 생명을 매번 자기답게 살아낼 줄 아는 태도와 같다.

다양성에 대한 이해란 그렇게 하나하나의 초인들이 스스로 삶에 집중하여 묵묵히 자기 긍정의 태도를 견지할 때 가능한 것이다. 선과 악의 구분이라는 과거 도덕의 규율에 국한되지 않고 끊임없는 성찰, 반성, 자기 초월을 통해 기준을 넘어서고 오해와 미움을 구분할 수 있는 씩씩한 마음을 지녀야 한다.

아포리즘 58

틀을 깨는 인간

나는 지금까지 존재했던 가장 두려운 인간이다. 하지만 그것으로 내가 가장 자비로운 존재로 승화될 것이라는 사실을 부정할 수는 없다. 나는 내 무시무시함에 걸맞은 수준으로 깨부수는 것의 기쁨을 안다.

-『이 사람을 보라』, 왜 나는 운명인가

기존의 틀을 깨는 인간은 두려운 존재가 된다. 그러나 그 두려움은 단어 그 자체의 뜻에서 더 나아가 새로운 창조를 위한 파괴를 의미한다. 자비로운 존재란 내가 행한 파괴로 인해 새로움이 드러날 수 있을 때 가능하다. 즉 질서와 규율을 깨부수는 것의 기쁨이란 그것이 마땅히 부서져야 할 가치를 지니고 있을 때 힘이 실리는 것이며 그 힘을 바탕으로 새로운 건강한 문화가 뿌리내릴 수 있을 때 찬사를 받을 수 있는 일로 승화된다.

절대적 진리가 사라진 시대에서 새로운 가치의 창조는 자칫 혼돈의 시작으로 보일 수도 있으나 그럼에도 그것이 또 다른 질서로 성장할 수 있다는 점에서 의의가 있다. 창조적 파괴란 아주 당연하던 것을 비틀어보고, 내면의 억압을 풀어헤치는 것, 어떤 권위를 지키기 위한 제도가 아니라 창조적 가능성을 발산할 수 있는 도구로서 규칙을 새로 정립하는 것이다.

아포리즘 59

버티는 힘

아마도 많은 사람이 나와 같이 꿈속 삶의 위험과 공포 속에서 때때로 '이건 꿈이야! 계속해서 꿈일 거야!'라고 외치며 성공적으로 견뎌냈던 경험을 기억할 것이다. 나는 또한 같은 꿈과 인간관계를 3일 혹은 그 이상 연속된 밤 동안 이어갈 수 있는 사람들에 대해 전해 들은 적이 있다. 이 모든 사실은 우리의 내면 깊은 존재, 우리 모두의 공통된 기반이 진한 기쁨과 명랑한 수용으로 꿈을 경험한다는 것을 명확히 증명한다.

-『비극의 탄생』비극의 탄생

고통을 견뎌내는 방법은 다양하다. 이 어렵고 외로운 시대는 버텨내는 것이 미덕이고 승자라고 칭해지는 만큼 견디고 나아가는 자세가 삶의 중요한 자세로 인식되고 있는 것도 사실이다. 어쩌면 고통을 견뎌내는 방법의 가장 기본은 그 현실을 제대로 직시하는 것인지도 모르겠다. 니체는 종종 인간 삶의 모순과 고통을 불확실성으로 가득 찬 꿈으로 비유하기도 했는데, 그 의미는 현실을 닫힌 세계가 아니라 가능성이 있으며 담대한 도전을 할 수 있는 모험의 장으로서 인식하고자 하는 마음이 담겨있다.

우리는 때로 이 현실을 지극히도 현실적인 근거와 내용들로만 파악하여 그 반복 속에서 우리가 지켜내야 할 순수한 마음가짐을 잃어버리기도 한다. 안타깝지만 완전히 꿈을 잃어버린 인간은 현실을 버텨내고 용기를 불러일으킬 만한 체력도 곧 고갈될 위험이 있다. 삶은 조목조목 따져보면 비극의 요소를 제법 많이 지니고 있지만, 그럼에도 불구하고 우리는 이 삶을 긍정하고 심지어는 사랑하기도 한다.

그것은 비록 비극과 고통이 많은 현실 속에서도 우리가 충분히 사랑할 만한 가치들이 즐비하다는 것을 나타내는 방증인 셈이다. 우리가 현실적으로 마주하는 질서 즉 명료한 형태의 선, 보다 정교한 조화, 분별이 가능한 세계의 인식과 마찬가지로 감각적 몰입, 에너지의 혼돈, 그 속의 개별적인 자아들이 결합되어 이 세계를 형성하고 있다. 이러한 혼돈은 곧 니체가 말한 디오니소스적 힘으로 묘사되며 다채로운 고통과 기쁨으로부터 자기 내면의 긍정적인 면을 확장해 나가는 것이 곧 잘 버텨내며 자기다움을 견지해 나가는 일인 셈이다.

예측할 수 없는 불안과 동요를 적절히 잠재우는 비결은 지극히 개인적인 자기 태도에서 출발한다. 거기에 어떤 완벽한 선과 비결을 찾기란 어렵기 때문에 고통으로부터 내 삶을 지켜내는 방법은 우리가 나다움을 통해 찾고 발견해 나가야 할 중대한 숙제와도 같다.

아포리즘 60

각자의 밤

나 또한 네가 싫어하는 것과 똑같이 밤이 싫어. 나는 인간들이 빛의 제자이기 때문에 그들을 사랑해. 또한 지칠 줄 모르는 인식하는 자인 그들이 창조적 발견을 할 때, 그들의 눈에 반짝이는 빛이 나를 기쁘게 하지. 인색의 햇살이 비칠 때 모든 사람이 나타내 보여주는 그림자, 그 그림자 또한 나이기도 해.

─『인간적인 너무나 인간적인』, 방랑자와 그림자

누구에게나 자신만의 밤이 있다. 그것은 어떤 불확실한 미래일 수도 있으며, 방황하는 시대를 뜻할 수도 있다. 그 무지와 혼돈 속에서 가만 눈을 뜨고 있는 자는 누구인가. 그것은 자신의 인생을 살아가고자 하는 모든 이들이다. 어둠 속에서 안광을 유지하는 눈을 그 어둠에도 불구하고 미세한 빛을 모아 한 치 앞을 밝힌다. 그것이 창조다. 무에서 유를 만드는 것이 아니다. 두려움에서 용기를 지속하는 것이 창조적인 행위이다.

마침내 인간의 눈에서 반짝이는 빛이 햇살처럼 드리울 때 그 담대함은 주변 이들에게마저 감동을 주며 마침내 자신마저 극복하는 순간을 포착한다. 그 밝은 에너지 뒤로 비추는 또 한 가지의 어둠인 우리의 그림자들은 언제나 우리의 명랑함에 기대어 함께 자란다. 그것이 의미하는 바는 언제나 우리에게 한 가지의 만족과 결과란 것은 없으며 창조 속에서 미루어 발견한 거짓과 두려움, 망설임과 불신 같은 것들도 함께 존재한다는 것이다. 그리고 마침내 그 빛과 그림자마저 힘껏 껴안을 수 있을 때 그 균형과 조화는 나를 이해하는 통찰이고 방향이 되어줄 것이다.